| 로이 헷숀 시리즈 6권 |

사울과 다윗의 이야기에 예표된 예수님과 그리스도인의 관계

나는 죽고 그리스도만

로이 헷숀 지음/ 허 정 숙 옮김

기독교문서선교회

기독교문서선교회(Christian Literature Crusade: 약칭 **CLC**)는
1941년 영국 콜체스터에서 켄 아담스에 의해 시작되었으며
국제 본부는 영국의 쉐필드에 있습니다.
국제 CLC는 59개 나라에서 180개의 본부를 두고, 약 650여 명의
선교사들이 이동도서차량 40대를 이용하여 문서 보급에 힘쓰고 있으며
이메일 주문을 통해 130여 국으로 책을 공급하고 있습니다.
한국 CLC는 청교도적 복음주의 신학과 신앙서적을 출판하는
문서선교기관으로서, 한 영혼이라도 구원되길 소망하면서
주님이 오시는 그날까지 최선을 다할 것입니다.

Not I, But Christ

Written by
Roy Hession

Translated by
Her, Jung Sook

Copyright © by Roy Hession Book Trust UK
Originally published in English under the title as
Not I, But Christ
by Roy Hession
Translated and used by the permission of
The Roy Hession Book Trust, 3 Florence Road
BROMLEY, Kent BR1 3NU, England

All rights reserved.

Korean Edition
Copyright © 2013 by Christian Literature Crusade
Seoul, Korea

로이 헷숀 저서

- 갈보리 언덕 · Calvary Road
- 예수님을 바라보라 · We Would See Jesus
- 지금 충만을 받으라 · Be Filled Now
- 주를 보올 때 · When I Saw Him
- 당신의 옷자락으로 나를 덮으소서 · Our Nearest Kinsman
- 나는 죽고 그리스도만 · Not I, But Christ
- Forgotten Factors
- From Shadow to Substance
- My Calvary Road
- Good News for Bad People

추천사

유기성 목사
선한목자교회 담임목사

고등학교 2학년 때, 예수 그리스도께서 모든 구원 받은 성도들 안에 계시다는 말씀을 듣고 받았던 충격은 엄청났습니다. 그날 저는 예수님을 믿는 것은 단순히 부모님이 믿기에 나도 믿는 것이거나, 교회를 다니는 것 정도가 아니라는 것을 깨달았습니다.

그러다가 목사가 되고 성경을 강해하다가 로마서 6장과 갈라디아서 2장에서 우리가 이미 예수님과 함께 죽었고, 이제는 부활하신 예수님의 생명으로 산다는 진리를 깨닫고 다시 엄청난 충격에 사로잡혔습니다. 그러나 그 순간 고등학교

2학년 때 받았던 충격이 생각나면서 우리 안에 거하시는 예수 그리스도에 관한 진리에 대하여 비로소 눈이 열리는 것을 깨달았습니다. 그 이후 제게 있어서 '나는 죽고 그리스도만 사는 십자가 복음'은 영원히 부를 노래가 되었습니다.

저는 유명한 복음전도자 로이 헷숀(Roy Hession)이 쓴 본서를 읽으면서 다시 한 번 깊은 감동을 받았습니다. 구약의 사울 왕과 다윗 왕의 이야기가 갈라디아서 2:20의 완벽한 실례가 될 수 있다니!

여러분도 십자가 복음이 이스라엘의 첫 두 왕인 사울과 다윗의 역사 속에서 성경의 어느 장면에서보다 더욱 뚜렷하게 나타나는 것을 보고 놀라실 것입니다.

저는 사울을 통해 제 자신의 모습을 발견하였고, 다윗을 통해 예수 그리스도의 모습을 새롭게 보았습니다. 그리고 사울과 다윗 사이의 불편한 관계 속에서, 저와 예수님 사이에서 아주 빈번하게 겪었던 많은 일을 이해하게 되었습니다.

그러나 본서를 통해서 얻는 가장 놀라운 은혜는 '나는 죽고 그리스도로 사는 진리'를 선명하게 깨닫게 되는 것과 예수 그리스도가 우리 마음의 왕이 되시도록 결단하게 해 준다는 것입니다.

로마서 1:28처럼 사람의 본성은 하나님을 마음에 모시기 싫어합니다. 예수 그리스도로 인하여 구원받은 것을 기뻐하는 이들조차, 예수 그리스도를 왕으로 모시는 것에 대하여는 좀처럼 쉽게 결단하지 못합니다. 저자는 그것을 사울 왕을 통하여 분명히 보여줍니다.

로이 헷숀은 예수 그리스도가 마음의 왕이 되셔야 한다고 말합니다. 저는 본서를 읽는 이들이 저자가 의도하는 대로 예수 그리스도와의 관계가 교리적인 지식에서 실제적인 친밀한 관계로 바뀌게 될 것이라고 믿습니다. 여러분의 삶이 예수님과 동행하는 행복한 여행이 되시기를 축복합니다.

데이비드 윈터 목사
작가, 전 BBC 종교방송국장

본서는 매우 높은 수준의 헌신적인 글쓰기의 결과입니다. 본서를 읽으면서 그 면면에 흘러 넘치는 신앙에 대한 도전과 구원에 대한 재확신을 느끼지 못할 독자는 거의 없을 것입니다. 로이 헷숀의 영적 순례 여정은 동아프리카 부흥의 은혜에 대한 심오한 성찰과 함께 본서에 가장 잘 요약되어 있습니다. 로이 헷숀은 독자에게 자신이 경험해 보지 않았던 깊은 고통과 희생의 길을 가라고 요구하지 않습니다. 오히려 그는 언제나 기쁨 가운데 글을 쓰고 있습니다. 우리에게 무언가를 하나님께 드리라고 요구하지도 않습니다. 다만 우리는 하나님께 죄의 사함을 간구해야 할 뿐이라고 그는 말합니다.

노엘 듀 박사
작가, 호주 Adeloide College of Ministries 객원 교수
스코틀랜드 Highland Theological College 명예교수

로이 헷숀의 작품은 무미건조하기 짝이 없는 학구적인 신학과 삭막한 성경 주석 한가운데 있는 우리에게 새롭게 생기를 불어넣는 산들바람처럼 다가옵니다. 이것은 현대의 흐름에 젖어있는 우리의 귀에는 어쩌면 생뚱맞은 충격일 수

도 있지만, 로이 헷숀 스스로가 말했던 것처럼 "어떤 일이 어떻게 그려졌는가보다는, 그려진 일 자체가 훨씬 더 중요합니다."

로이 헷숀이 강조하는 것은 언제나 '어떻게 적절한 이야기를 그려내는가' 하는 것입니다. 또한 그것은 다름아닌 우리들 곁의 잃어버린 자들을 향하신 하나님의 믿기 어려운 은혜를 그려내는 것입니다. 본서를 읽는 사람이면 누구든 우리 구주 예수 그리스도의 사랑과 은혜 가운데 발견되는 샘솟는 기쁨의 우물가로 다시금 이끌리게 될 것입니다.

저자 서문

내가 그리스도와 함께 십자가에 못 박혔나니
그런즉 이제는 내가 산 것이 아니요
오직 내 안에 그리스도께서 사신 것이라
(갈 2:20).

성경은 단순하게 아담과 그리스도, 두 사람의 이야기라고 간주할 수 있습니다. 바울은 고린도전서 15:47에서 "첫 사람"으로 불리는 아담과 대조적으로 예수 그리스도를 "둘째 사람"으로 부르고 있습니다. 성경은 첫 사람의 범죄와 그 첫 사람이 하나님의 뜻하신 바를 이루어 드리지 못한 실패의 이야기이고, 다른 한편으로 첫 사람의 절망적인 상태에서 그를 구원하시고 그를 대신하시기 위하여 오신 둘째 사람에 대한 이야기입니다.

성경은 둘째 사람을 향한 첫 사람의 지독한 적개심을 말하고, 그에 반해 첫 사람을 향한 둘째 사람의 사랑과 첫 사람을 위하여 성취하시는 둘째 사람의 구원에 대하여 말하고 있습니다. 아담은 오늘날에도 살고 있으며 예수 그리스도께서는 지금도 역사하고 계시기 때문에 이 이야기는 계속해서 진행 중인 이야기입니다.

구약은 그리스도의 예표와 예시와 그리스도가 중심인 복음으로 가득차 있습니다. 첫 사람과 둘째 사람의 이야기는 이스라엘의 두 왕인 사울과 다윗의 역사 속에서 성경의 어느 장면에서보다 더욱 뚜렷하게 나타납니다. 사울에게서 아담의 모습과 우리 자신의 모습을 발견합니다. 다윗에게서 예수 그리스도의 모습을 발견하고, 사울과 다윗 사이의 불편한 관계 속에서 우리와 예수님 사이에 매우 빈번하게 나타나는 여러 현상을 투영해 보는 것이 본서의 주요한 목적입니다.

다윗은 사울의 손에 의해 온갖 고난을 겪었지만, 우리는 사울을 향한 다윗의 꺼지지 않는 사랑을 보게 됩니다. 이것은 예수님의 원수인 우리를 향한 그리스도의 광대한 사랑을 어렴풋이 보여주는 것입니다. 마침내 사울 가문이 전쟁에서 패하여 완전히 깨졌을 때(삼하 9장) 사울 가문의 남은 자손들에게 다윗은 지극히 넓고 관대한 마음을 보여줍니다. 이러한 다윗의 모습은 아담의 자손인 우리가 스스로 해결할 수 없는 절망의 끝에 다다랐을 때, 우리를 향한 하나님의 은혜를 (말로 표현할 수 없는 놀라운) 한 폭의 그림처럼 보게 됩니다.

본서에서 저는 단순히 다윗과 그리스도 사이의 아름다운 유사성을 보여주는 것에 중점을 두는 것이 아닙니다. '나는 죽고 그리스도만'이라는 그리스도인의 삶과 관련된 신약의 아주 중요한 진리를 이 다윗과 사울의 이야기 안에서 그림을 보듯이 뚜렷하게 제시해 보이는 데 중점을 두고 있습니다.

갈라디아교회에 보낸 바울의 편지에서 이 네 글자(*Not I, But Christ*)는 신약성경에서 말하고 있는 그리스도인의 삶의 핵심일 것이며, 그리스도인다운 삶은 어떻게 사는 것인가를 가장 완벽하게 표현하는 말일 것입니다. 사울과 다윗의 이야기에서 다윗이 골리앗을 죽이고 승리하고 돌아온 사건은 단순히 그가 블레셋의 압제로부터 사울을 구원하겠다는 것을 설명하는 것으로 그치는 것이 아니라, 결국엔 다윗이 사울을 대신하여 이스라엘을 다스려야 한다는 것을 보여줍니다. 다윗을 통해 하나님이 보여주시는 목적, 다시 말해 제가 말하고자 하는 '나는 죽고 그리스도만 사신다'는 주제를 확인할 수 있습니다. 사울은 다윗이 골리앗과의 대결에서 승리했을 때 아주 기뻐하였지만, 다윗이 자신을 대신하여 왕위를 차지할 자라는 것을 알았을 때는 그다지 좋아하지 않았습니다. 참으로 사울은 힘을 다하여 끝까지 그것을 거부했고, 결국 그의 끈질긴 거부로 인하여 그의 삶은 비극적인 최후를 맞이하게 되었습니다.

바로 이것이 예수님은 우리를 단순히 심판에서 건져내셔서 천국으로 인도하기 위하여 우리의 영혼을 구원하신 것뿐 아니라 계속적으로 우리를 대신하여 왕으로 지금 이곳에 계시다는 진리를 명확하게 보여줍니다. 우리는 예수님이 우리의 구원을 이루시기 위하여 행하신 것에 대해서 매우 기뻐하지만, 예수님이 우리의 왕이 되시는 것에 대해서는 썩 마음 내켜 하지 않습니다. 특히 다른 사람들과의 관계에서나 다른 여러 가지 실제적인 문제들에 봉착했을 때는 더욱 그렇습니다. 이는 한 왕을 구하는 한 나라의 모습이 아니라, 다른 왕을 위하여 한 왕이 내려와야만 하는 상황입니다. 오직 예수님만이 우리의 승리이시기 때문에 예수님이 본을 보이신 여러 모습을 기꺼이 따라서 살 때에 우리 삶 가운데에도 승리와 부흥이 찾아 오게 되는 것입니다.

이 이상의 표현은 없습니다. 여러분이 본서가 상고하는 방향에 시선을 둔다면, 단순히 학문적이고 여러 가지 정보를 얻을 뿐 아니라 개인적이고 하나님과의 실제적인 동행에 있어서 승리할 수 있도록 돕고, 열매를 맺게 하는 도전과 격려로 가득 차 있다는 것을 충분히 확신할 수 있습니다.

이 이야기에는 많은 사건이 나오는 데, 많은 사건이 여러분에게 익숙하지 않더라도 읽기를 단념하지 마시기 바랍니다. 제가 여러분의 손을 잡고 완전히 빠져들게 만드는 역사 속으로 여러분을 이끌어갈 것이고, 그 길에서 많은 것을 함께 배우게 될 것입니다. 이야기를 따라 읽어가면서 어떤 부분에 대해서는 여러분의 기억을 새롭게 할 필요도 있을 것입니다. 본서의 끝부분에는 부록이 있고, 각 장의 제목 아래 적당한 분량의 내용을 담고 있는 여러 소단락이 있습니다.

구약을 그리스도의 여러 예표와 복음에 대한 예시들을 포함하고 있는 것으로서 바라보는 것에 익숙하지 않다면, 아마 여러분은 어떤 근거로 다윗을 그리스도의 예표로서 바라보고 이러한 제목을 붙이는 것에 대해 의아해 할 것입니다. 그래서 이러한 질문이나 어려움이 없도록 전반적인 문제를 다룬 부록도 덧붙였습니다. 마지막 장에 이르러 예수님의 완전한 모습을 보여주기 위해서 필요한 예표였기에, 솔로몬을 천년왕국을 다스리는 영광 가운데 계신 그리스도의 예표로 소개했습니다. 솔로몬을 예수님의 예표로서 보여주는 이론적인 설명을 주기 위해서 다른 부록도 덧붙였습니다.

본서를 다 읽기도 전에 의문으로 인하여 주요한 메시지를 놓치지 않기 위하여, 질문이 많은 사람은 이 두 부록을 먼저 읽어보는 것이 좋을 것입니다. 그리고 두 부록을 통해 만족할 만한 답을 얻을 수 있을 것이라고 확신합니다.

본서를 어떤 의미에서 모형론(예표)의 논문처럼 보지 마십시오. 또한 이 이야기 속의 사건들을 그리스도인이 경험하는 실례로 보여주기 위해서 다루어진 해석 방식에 대하여 너무 과도하게 빠지지 말기를 간곡하게 부탁합니다. 여러분은 이러한 종류의 해석에 매료될 수도 있고 그러한 해석으로 인해 당황할 수도 있습니다. 어떤 태도이든지 진리가 설명하는 것만큼 예시가 중요한 것은 아닙니다.

우리가 참으로 '파악해야' 하는 부분은 이 옛 이야기가 우리 자신과 아주 가깝게 적용되고 우리가 예수님을 보기 시작할 때라는 것입니다. 저는 수년 동안 이 연구 자료를 가지고 설교해 왔고, 이 전체 부흥의 메시지의 예시를 완전히 알고 있지만, 이것은 단순히 진리를 설명하기 위한 하나의 예시일 뿐입니다. "선생님, 우리가 예수님을 보게 됩니다"라는 고백이 독자의 태도가 되어야 한다고 제안합니다. 다윗을 통해서는 다윗이 예수님을 가리키고 있는 것으로, 사울을 통해서는 사울 속에서 여러분 자신의 모습을 보아야 합니다.

성경의 역본은 킹제임스역(*King James Version*)을 사용했습니다. 1885년의 개정역(*Revised Version*, 1901년의 *American Standard Version*과 거의 동일함)을 참고하여 수정한 부분이 몇 군데 있는데, 이는 독자의 편의를 위한 것입니다.

로이 헷손

역자 서문

본서를 처음 읽었을 때 저자가 구약의 실제 인물들의 삶 속에서 오늘날 우리에게 필요한 진리에 대한 영적인 해석을 발견해 가는 것을 보고, 넓은 바다 깊은 곳에 숨어있는 진리의 보화를 캐내는 심정으로 한 자 한 자 읽었습니다.

버림받은 사울 왕을 통하여 하나님의 왕 되심과 통치권 아래에서 살아야 할 자신의 위치를 버리고 제 마음대로 생각하고 자신을 세우려고 했던 저 자신의 모습도 볼 수 있었습니다. 하나님처럼 되고 싶어서 하나님의 말씀을 저버리고 쫓겨났던 아담의 모습과 아담의 후손인 우리 인생의 모습도 볼 수 있었습니다. 기름 부음 받은 다윗 왕의 모습에서 죄로 인해 절망 가운데 있는 인생을 향해 하나님이 베풀어 주신 은혜의 선물인 예수 그리스도와 그분의 성품을 구체적으로 볼 수 있었습니다.

저는 본서를 통하여 우리가 우리의 주인되신 예수님으로부터 지속적으로 사랑과 은혜와 거룩함과 같은 하나님께 속한 것들을 받아야만 하고, 또 그러한 것들을 받는 길은 우리에게 그것이 없다는 사실을 인정하고, 고백하는 것 밖에는 없다는 사실을 깨달았습니다.

2007년 여름, 한국 형제들의 피랍사건으로 인해 아프가니스탄에서 철수하게 되면서, 국내에 머문 지난 몇 년의 시간은 제게 광야의 시간이었습니다. 주님께 불평하며, 자신의 의를 내세우며, 주님을 신뢰하지 않고 주님보다 자신을 더 사랑하고 주님 외의 다른 것을 구하는 자신을 보게 하셨습니다. 제 생각, 제 계획, 제 방법, 제 자존심 등 제 자신이 죽어야 성령께서 역사하실 수 있음을 알게 하셨습니다. 저의 죄를 주 앞에 고하며 제 안에 계셔서 한 순간도 저를 떠나지 아니하셨던 예수님이 제가 구하는 모든 것이 되심을 깨닫게 하셨습니다. 성령께서 본서를 읽는 모든 이에게 우리 안에 사시는 예수 그리스도와 그분의 보혈이 우리로 하나님께 받아들여지기에 충분하게 함을 깨닫게 해주시기를 간구합니다.

아프가니스탄에 들어갈 때 홀로 보내지 않으시고 기도로 함께 가게 해주셨던 파송 교회인 수원 믿음의교회와 저를 키워주신 모교회 부전교회와 93년부터 동역해 주신 신실한 동원교회와 변함없이 사랑을 부어주신 동삼교회와 구미남교회와 기도에 아름다운 본을 보여주신 남지광현교회와 여러 신실한 동역자들께 이 지면을 통해서 감사를 드립니다.

제가 본서를 번역할 수 있도록 권면해 주시고, 격려해 주신 정갑중 선생님과 바쁘신 가운데 추천사를 써주신 유기성 목사님께 감사드리고, 이 철없는 딸을 비롯한 육남매를 위하여 눈물로 기도해 주시는 저희 어머니 김신자 권사님께 감사와 사랑을 드립니다. CLC에도 감사드리고, 열방 가운데 흩어져 있는 한국 오엠국제선교회의 일꾼들이 추수할 일꾼들이 되기를 간구하면서 저의 믿음과 소망과 사랑되시는 예수님께 감사와 사랑과 영광을 돌립니다.

허정숙

목차

추천사(선한목자교회 담임 유기성 목사) · 5

저자 서문 · 10

역자 서문 · 17

1장 버림받은 왕 · 21

2장 기름 부음 받은 왕 · 59

3장 기름 부음 받은 왕과 골리앗 · 85

4장 버림받은 왕의 질투 · 115

5장 요나단과 질투의 치유 · 149

6장 기름 부음 받은 왕의 넓은 마음 · 163

7장 내게 무슨 공의가 있겠습니까
　　…그로 그 전부를 차지하게 하옵소서 · 207

8장 기름 부음 받은 왕이지만 온유한 왕 · 225

9장 모든 영광 가운데 있는 솔로몬 · 257

부록 1 다윗, 그리스도의 예표 · 283

부록 2 솔로몬, 그리스도의 예표 · 289

1장
버림받은 왕

왕이 여호와의 말씀을 버렸으므로 여호와께서도
왕을 버려 왕이 되지 못하게 하였나이다
(삼상 15:23).

미스바에서 사울이 이스라엘 백성 앞에 모습을 드러내자 그들은 사울을 왕으로 받아들이면서 아주 높은 기대를 가졌습니다. 사무엘 또한 그러한 기대를 가졌습니다. 사울이 제비에 뽑혔을 때, 사무엘이 이미 사울에게 비공개적으로 행했던 기름 부음이 확인되었기 때문에, 사무엘은 모든 이스라엘 백성에게 "주님이 선택하신 자를 보라"(삼상 10:24)고 말했습니다. 그렇습니다. 사무엘까지도 그 순간 행복감에 사로잡혔습니다.

사실 이스라엘 백성에게는 이미 여호와 하나님이 왕이시기 때문에, 이스라엘 백성의 눈에 보이는 인간 왕을 갖는 것이 하나님이 의도하는 목적이 결코 아니라는 것을 사무엘은 잘 알고 있었습니다. 왕을 달라는 이스라엘 백성의 요구는 여호와께서 그들을 다스리시는 것을 거부하기 때문이라는 것을 사무엘은 또한 알고 있었습니다. 하지만 하나님이 지금 이스라엘 백성의 요구를 받아들이고, 사울에게 실수 없이 정확하게 기름을 부을 수 있도록 인도하셨다고 사무엘은 생각했습니다.

사울은 지금 모든 백성 앞에서 제비로 그 기름 부음을 확정해 주었습니다. 첫 번째로 베냐민 지파가 뽑혔고, 그 다음 마드리의 집안이 뽑혔고, 그 집안에서 기스의 아들인 사울이 뽑혔습니다. 사울이 사람들의 환호를 받게 되었을 때, 그가 짐보따리 사이에 숨은 것을 보면서 '사울이 참으로 겸손하게 될 사람이 아닌가'라고 사무엘은 생각했습니다. 분명히 그것은 미래를 위한 좋은 전조였습니다. 무엇보다도 사울이 모습을 드러내었을 때 다른 사람들보다 어깨 위만큼 더 키가 커서 왕다운 모습을 보여주지 않았겠습니까? 그래서 사무엘은 기쁨으로 이렇게 말했습니다.

> 너희는 여호와께서 택하신 자를 보느냐 모든 백성 중에 짝할 이가 없느니라!(삼상 10:24).

그렇게 말한 지 2년 뒤에 사무엘은 하나님의 대언자로서 사울에게 이렇게 말합니다.

> 지금은 왕의 나라가 길지 못할 것이라 여호와께서 왕에게 명령하신 바를 왕이 지키지 아니하였으므로 여호와께서 그의 마음에 맞는 사람을 구하여 그를 그의 백성의 지도자로 삼으셨느니라(삼상 13:14).

그 말은 사울의 왕조를 언급한 것입니다. 모든 왕은 그의 자손들이 대대에 걸쳐서 자신을 이어 왕위를 차지하게 되기를 희망합니다.

그러나 여기서 주님은 그들의 바람대로 이루어지지 않을 것이고, 하나님의 마음에 합한 다른 사람을 찾을 것이라고 말씀하셨습니다. 그리고 사무엘상 5장에 사무엘은 사울의 왕조뿐만 아니라 사울이 개인적으로 다스리는 권리마저도 거절하셨다는 사실을 선포해야 했습니다.

> 왕이 여호와의 말씀을 버렸기 때문에 여호와께서도 왕을 버려 왕이 되지 못하게 하셨나이다(삼상 15:23).
> 사무엘이 죽는 날까지 사울을 다시 가서 보지 아니하였으니(삼상 15:35).

위의 말씀으로 볼 때 그것이 사무엘과 사울의 마지막 만남이었습니다. 비록 사울이 수년 동안 그 왕좌를 계속 차지하고 있었고 지배자로 그 기능을 수행하려고 시도하였지만, 그는 버림받은 왕으로서 계속 그렇게 살아야 했습니다.

사울의 왕권이 거부당한 이유가 무엇인지 한마디로 요약해 본다면, 거의 초반부터 사울은 하나님이 명하신 왕의 직책에 맞게 살지 않았기 때문이라고 말할 수 있습니다. 왕을 달라는 백성의 요구에 응하셨지만 하나님은 그 자신의 왕 되심을 한 순간도 철회하신 적이 없었습니다. 사울은 오직 하나님 아래에서만 단순히 그의 대리자로서 왕이 되는 존재였습니다. 사울은 하나님이 그에게 하라고 명하신 것을 단순히 이행하며, 이스라엘 백성의 원수로부터 구원하는 하나님의 도구가 되도록, 이스라엘 백성과 하나님 사이에 거룩한 다스림을 중재하도록 세워진 왕이었습니다. 그래서 사울은 모든 세세한 사건 속에서 하나님의 권위 아래에서만 대리자로서 왕의 권위를 덧입을 수 있었습니다.

이것이 바로 하나님이 왕을 임명하신 요건이었습니다. 물론 구체적인 말로 명시되어 있는 것은 아니었지만, 이것은 사울 이야기의 모든 부분에서 분명하게 암시되어 있습니다. 그러나 사울은 이를 이해할 수 없었고, 이해하려고 하지도 않았습니다. 사울은 자신을 단지 하나님의 통치 아래에 있는 왕으로서 간주하지 않았고, 자신의 정당한 자격으로 왕이 되었다고 생각했습니다. 사울은 하나님이 그에게 하라고 명하신 것을 하기보다는 자신이 좋아하는 것을 하기 위해 왕좌에 올랐으며, 자신의 왕좌를 당연하게 생각했습니다. 사울은 순종하는 것처럼 보였지만, 항상 순종하지 않고 그저 자신에게 좋은 대로 늘 선택했습니다. 이러한 모습은 그가 다스리기 시작한 초창기부터 두 번의 중요한 사건에서 나타났습니다.

1. 하나님을 기다림

사울을 임명한 하나님의 첫 번째 목적 중의 하나는 사무엘에게 하신 말씀에서 볼 수 있습니다.

> 내일 이맘 때에 내가 베냐민 땅에서 한 사람을 네게로 보내리니 너는 그에게 기름을 부어 내 백성 이스라엘의 지도자로 삼으라 **그가 내 백**

성을 블레셋 사람들의 손에서 구원하리라 내 백성의 부르짖음이 내게
상달되었으므로 내가 그들을 돌보았노라 하셨더니(삼상 9:16).

이스라엘 백성에게 가장 절박한 것은 자유였고, 사울은 그들의 자유를 위해서 임명된 것입니다.

그러나 사무엘이 사울에게 기름을 부었을 때 사무엘은 말했습니다. 블레셋에 대항하여 첫 번째 전쟁을 하기 전에 분명히 말했습니다.

너는 나보다 앞서 길갈로 내려가라 내가 네게로 내려가서 번제와 화목제를 드리니 내가 네게 가서 네가 행할 것을 가르칠 때까지 칠 일 동안 기다리라(삼상 10:8).

이것이 하나님의 계획이었고 사울은 하나님과 사무엘의 지시를 기다려야만 했습니다.

마침내 접전이 임박했을 때, 사울은 정말로 길갈로 내려갔고 정말로 사무엘을 기다렸습니다. 사울은 7일을 기다렸지만, 마지막 날에는 온종일 기다리지 못했습니다. 블레셋의 군인들은 전열을 가다듬고 있는 반면에 사울의 군사들은

마음이 약해져 있었습니다. 사무엘은 아직 도착하지 않았기 때문에 그는 더 이상 기다릴 수 없었습니다. "부득이하여 번제를 드렸나이다"라고 사울이 변명했습니다. 그 자신이 생각하기에 아주 절박한 상황이라고 생각했기 때문입니다.

그러나 바로 이러한 절박한 상황이 사울이 하나님을 기다리고, 하나님을 위해서 기다려야 하는 더 중요한 이유인 것입니다. 사울은 하나님을 기다리는 대신에 자신의 손으로 무언가를 취하는 행동을 하였습니다. 그의 독립적인 행위가 번제라는 종교적인 의식이었음에도 그 행동은 불순종이었습니다. 그 사건은 사울이 자신의 교만한 의지에 따라서 이스라엘을 다스리려고 했다는 것을 명백하게 보여주기에 충분했습니다. 사무엘은 미스바에 와서 사울에게 엄중한 책망을 하였습니다.

> 왕이 망령되이 행하였도다…지금은 왕의 나라가 길지 못할 것이라…
> (삼상 13:13-14).

사울의 행동은 이스라엘의 왕으로 임명받은 요건에 대하

여 가장 기본적인 것을 범했다는 것을 보여줍니다. 즉 사울의 깊은 마음속에서 자신이 하나님의 통치 아래에 있는 왕이라고 여기지 않았고, 자기 자신이 정당하게 왕이 되었다고 생각했습니다. 사울의 그러한 태도는 얼마나 심각한 불순종에 이르게 하였습니까? 그래서 사울에게 내려진 선고는 아주 간결했지만 극단적일 수밖에 없었습니다.

2. 완전히 진멸하라

그 후 두 번째 사건은 얼마 지나지 않아 일어났는데, 이 사건은 좀 더 심각한 불순종이었습니다. 사울은 하나님의 대리자로서 출애굽 당시 이스라엘을 압제했던 부패한 아말렉을 향하여 하나님의 정의를 수행하도록 명령을 받았습니다.

아말렉 사람들은 남자, 여자, 가축까지도 완전히 진멸해야 했습니다. 이는 하나도 남기지 말라는 명령이었습니다. 이 명령에 사울이 순종했습니다. 그러나 그는 부분적으로만 순종하였습니다. 아말렉의 머리를 다 베라는 명령도 사울의 마음에 들지 않았다면 그는 아마 아무 명령에도 순종하지 않았을 것입니다. 사울은 그런 사람이었습니다! 그는 하나님의 명령에 순종하기보다는 그 자신의 뜻대로 행동하는 사람이었습니다. 여기서 또한 순종의 여부와는 상관없이 다르게 행하는 사울의 모습과 사울 자신이 만족할 때까지 자신이 원하는 대로 선택하는 모습을 통해서 사울이 어떠한 자인지를 우리는 볼 수 있습니다.

사울은 분명히 칼날로 아말렉 사람들을 진멸시켰습니다.

> 사울과 백성이 아각과 그의 양과 소의 가장 좋은 것 또는 기름진 것과 어린 양과 모든 좋은 것을 남기고 진멸하기를 즐겨 아니하고 가치 없고 하찮은 것은 진멸하니라(삼상 15:9).

사울이 사무엘과 마주쳤을 때, 그는 종교적인 이유를 대면서 다시 한 번 자신의 행동을 변명했습니다. 남겨진 전리품은 "당신의 하나님 여호와께 제사하려 하여"(삼상 15:15)라고 사울은 말했습니다. 그러나 사무엘은 그 말을 전혀 믿지 않았습니다.

> 여호와께서 번제와 다른 제사를 그의 목소리를 청종하는 것을 좋아하
> 심 같이 좋아하시겠나이까 순종이 제사보다 낫고 듣는 것이 숫양의
> 기름보다 나으니(삼상 15:22).

그리고 사울의 왕조뿐만 아니라 현재 왕으로서 그 자신마저도 버림받게 될 것이라는 최후의 말을 하였습니다.

> 왕이 여호와의 말씀을 버렸으므로 여호와께서 왕을 버려 이스라엘 왕
> 이 되지 못하게 하셨음이니라(삼상 15:26).

사울이 사무엘에게 간청을 하면서 뜻하지 않게 사무엘의 옷자락이 찢어졌습니다. 그러자 사무엘은 이를 장차 일어날 일에 대한 징조로 보며 말했습니다.

> 여호와께서 오늘 이스라엘 나라를 왕에게서 떼어서 왕보다 나은 왕의
> 이웃에게 주셨나이다(삼상 15:28).

또한 그 말이 돌이켜질 수 없다는 것을 강조하기 위해서 덧붙여 말합니다.

이스라엘의 지존자는 거짓이나 변개함이 없으시니 그는 사람이 아니시므로 결코 변개하지 않으심이니이다(삼상 15:29).

사울이 먼저 하나님의 말씀을 저버렸고, 자신에게 부여된 왕의 온전한 요건을 범했기 때문에 그가 이스라엘을 통치하지 못하도록 버림받게 되었다는 것이 분명해졌습니다. 그 이후로 사울은 성경의 장마다 버림받은 왕으로서, 하나님의 영이 그에게서 떠나고 그럼에도 자신이 왕이 되려고 헛되이 노력하고 있는 참으로 비참한 모습으로 묘사됩니다. 그리고 계속적으로 그보다 더 나은 그의 이웃이 사울을 대신하게 되는 것을 보여주고 있습니다. 아직 전면에 나타나지 않은 그 이웃은 다윗을 뜻하는데, 앞으로 펼쳐질 이야기에서 드러나게 될 것입니다.

3. 인간, 버림받은 왕

이러한 관점에서 버림받은 왕 사울은 오늘날 인간의 모

습이라고 저는 생각합니다. 인간은 하나님에 의해서 그분의 땅을 다스리는 왕이 되며, 하나님을 위해서 그곳을 다스리도록 임명받았습니다. 하나님이 아담에게 말씀하셨습니다.

> 바다의 물고기와 하늘의 새와 가축과 온 땅과 땅에 기는 모든 것을 다스리게 하자(창 1:26).

하나님이 인간에게 통치하라고 하신 영역이 어떠한 곳인지, 인간에게 주어진 통치권이 얼마나 큰지를 깊이 생각해 보면 흥미롭습니다.

이 통치권은 분명히 살아 있는 생물들, 물질과 같은 무생물에 대한 통치도 포함하고 있다고 할 수 있지 않습니까? 둘째 사람은 확실히 그 모든 것에 대한 통치권을 갖고 있습니다. 첫 사람도 타락하기 전에는 똑같은 통치권을 갖고 있지 않았을까요? 우리는 단지 추측할 뿐입니다. 그러나 '다스림'이라는 말은 큰 뜻을 포함하고 있는 말로서, 인간은 통치를 받을 필요가 있는 지구 상의 모든 것을 다스리도록 하나님이 세우신 왕이었음을 의미합니다.

그러나 인간이 임명받은 조건은 하나님 아래에 있는 왕이어야 한다는 것과 하나님의 권위 아래에 굴복할 때에 왕으로서의 그 권위를 가지게 되는 것입니다. 선악을 알게 하는 나무를 먹지 말라는 것, 하나님이 이 한 가지를 금하셨다는 사실은 아담이 비록 왕이지만 자신보다 더 높은 왕에게 예속되어 있다는 사실을 보여줍니다.

그러나 이 부분에서 아담은 실패하였습니다. 금지된 열매를 따먹음으로 왕이라는 위치가 자신의 정당한 자격때문에 주어진 것으로 생각했고, 그가 좋아하는 대로 할 수 있는 자유가 있다고 여겼음을 보여줍니다. 그것은 아담에게 아주 매혹적인 시험이었기에(너희가 그것을 먹는 날에는…**하나님과 같이 되어**…[창 3:5]), 아담은 유혹에 넘어갔습니다. 사울이 그랬던 것처럼 아담이 왕으로서 부여받은 온전한 복종을 어긴 것은 하나님께 불순종한 행위였습니다.

불순종의 결과로서 아담에게 가해진 판결은 실제적으로 똑같았습니다.

왕이 여호와의 말씀을 버렸으므로 여호와께서 왕을 버려 이스라엘 왕이 되지 못하게 하였음이니이다(삼상 15:26).

하나님의 권위 아래 있기를 거부함으로써 아담은 한때 가졌던 권위도 잃게 되었습니다. 한때는 지구 상에 있는 모든 동물을 다스리던 그가 지금은 동물들을 두려워하고, 동물들의 공격으로부터 자신을 보호해야만 합니다. 아담은 지구 상에 있는 모든 열매를 거저 따 먹을 수 있었지만, 지금은 가시와 엉경퀴로 인해 열매를 얻기 위해 싸워야 하고 땅을 경작하여 이마에 땀을 흘려야 먹을 것을 얻을 수 있게 되었습니다. 한때 무생물들에게도 통치권을 행사할 수 있었던 아담은(그것이 타락 이전에 통치력의 한 부분이었다면) 이제 그들 앞에서 무력하고 오히려 두려워하는 존재가 되었습니다.

무엇보다도 원하는 만큼 얼마든지 살 수 있도록 예정되었던 아담은 이제 자신의 의사와 관계없이 죽음을 맞이하게 되었습니다(생명나무는 금지되지 않았기 때문에). 하나님께 버림받은 왕인 인간을 보십시오! 그렇게 엄청난 힘을 갖고 있던 그가 얼마나 깊은 나락에 떨어졌습니까! 아담이 타락한 이후, 피조물을 향하여 잃어버린 통치권을 다시 획득하려고 온갖 노력을 다 기울였지만 결코 성공하지 못했습니다. 비록 피조물들이 다시 한 번 인간을 섬기도록 오랫동안 열심히 노력해 왔지만 결코 이루지 못했습니다. 죽음이 있는 한 인간은 피조세계의 왕이라기보다는 종입니다. 인간에게는 과거의 왕권을 보여주는 옛 모습이 여전히 남아 있지만 '하나님이 그의 왕국을 떼어서' 왕보다 더 나은 왕의 이웃에게 주셨습니다.

4. 왕보다 더 나은 이웃

왕보다 더 나은 왕의 이웃이 누구인지 궁금할 것입니다. 그는 하나님의 마음에 합한 사람이고, 첫 사람의 이웃이면서 인자가 되신 하나님의 아들, 예수님이십니다. 첫 사람이 잃어버린 왕권이 예수님께 주어졌습니다. 이 우주, 이 세상은 예수님에 의해 여전히 다스려지고 있습니다.

첫 사람은 실패한 것으로 판명되었지만, 둘째 사람은 모든 하나님의 뜻을 이룰 것이고 영광스럽게 성취해 갈 것입니다. 성경의 예언에 따르면 예수님은 재림하시고, 원수를 누르고 이 땅에 왕국을 세우고, 앞으로 일으킬 모든 위대한 사건들에서 그분은 항상 '인자'라는 칭호로 불렸다는 것에 주목하는 것은 흥미롭습니다.

예를 들어, 다니엘 7:13과 마태복음 24:30을 보십시오. 그는 진실로 하나님의 아들이시지만, 둘째 사람이자 마지막 아담으로서 종말의 사건들을 그의 능력으로 행하실 자입니다.

이것이 버림받은 왕에게는 어두운 메시지처럼 들립니다. 하지만 버림받은 왕이 기꺼이 둘째 사람의 왕권에 복종한다면, 둘째 사람이 다스리는 데서 오는 모든 유익과 축복은 버림받은 왕에게 주어지기 때문에 그에게 일말의 희망을 주게 됩니다. 그러나 버림받은 왕이 그렇게 하겠습니까? 이는 모든 질문 가운데 중요한 질문이 됩니다. 보시다시피 이 질문은 가장 훌륭한 대통령을 선출하기 위해서 하는 투표나 한 나라가 그들을 다스릴 좋은 왕이나 정부를 선택하는 차원의 문제가 아닙니다. 이미 언급한 것처럼 한 왕이 다른 왕을 위하여 그 자리에서 내려와야 하는 것으로, 우리가 무엇인가를 선택하는 것과는 차원이 다른 문제입니다. 사울이 자신을 대신하여 왕좌에 앉을 그의 이웃인 다윗과 수년 동안 직면한 갈등에 대해서는 다음의 몇 장에서 살펴볼 것입니다.

5. 이것이 어떻게 적용됩니까?

이제 중요한 것은 이 모든 것을 어떻게 우리 개개인에게 적용하는가 하는 문제입니다. 왜냐하면 이는 분명히 우리에게 적용되어야 하기 때문입니다. 아담의 후손으로서 우리는 에덴동산에서 아담이 지은 죄를 계속적으로 반복해 왔습니다.

첫째, 우리는 하나님을 위해서 특정한 영역을 다스리도록 기름 부음을 받은 왕이었습니다. 그 영역이 어떤 영역인지는 각 사람마다 다를 것입니다. 아버지와 남편은 가정의 머리로 기름 부음을 받은 자로서 그를 통해 가족들에게 의사가 전달되어야 하며, 가족들이 거룩한 다스림의 유익을 알 수 있도록 그는 하나님을 위해서 가정을 다스려야 합니다. 아내와 어머니에게도 다스려야 할 영역이 주어집니다. 우리 중의 어떤 이는 우리가 왕으로서 기름 부음 받은 영역이 교회를 섬기는 것일 수도 있습니다. 즉, 목사로서 교회를 이끌거나, 성경공부의 인도자로서 성경공부를 인도하거나 혹은 우리가 영향력을 행사하는 교회 사역의 어떤 부분에서든지 섬길 수 있습니다.

둘째, 우리가 다스리도록 부름 받은 그 영역이 세속적인 직업의 영역일 수 있는데, 회사의 관리자로, 가게의 주인이나 사무실이나 공장의 사장으로, 학교의 교사로 섬길 수도 있습니다. 대부분 우리는 누군가를 모시고 있는 경우가 많습니다. 그리고 종종 우리가 윗사람이 되어 책임감을 갖고 아랫사람을 다스리는 위치에 있기도 합니다. 혹은 어떤 영역도 주어지지 않은 것 같다 할지라도 우리 각자는 자신의 인격이라는 아주 넓은 영역을 갖고 있습니다. 우리는 그 인격이라는 영역에서 왕이 되고 하나님을 위해서 다스리고 정복하도록 기름 부음 받았습니다.

그러나 우리는 하나님의 통치 아래에서만 왕으로 지음 받았지 우리 자신의 정당한 자격으로 왕이 된 것이 아닙니다. 우리가 좋아하는 것을 그 영역 안에서 하는 것이 아니라 하나님이 명하신 것만을 하도록, 그리하여 다른 사람들이 그것으로 인해 축복을 받을 수 있도록 우리에게 통치 영역이 주어졌습니다. 자신이 왕인 것으로 착각하는 자들에게 그들 위에 왕이 있음을 알게 해야 합니다. 그것이 만왕의 왕이라는(계 19:16) 거룩한 성호가 의미하는 바입니다. 얼마나 많은 왕이 있습니까! 여호와께서는 모든 왕 중에 왕이십니다. 어느 누구도 자신의 영역에서 절대적인 힘을 갖지 않습니다. 각자는 그를 임명하신 자에게 종속적이고 책임이 있는 존재입니다. 사람들이 하나님의 권위 아래에 있을 때에만 그들은 하나님의 권위를 갖게 되고 하나님의 능력을 알게 됩니다.

그러나 사울과 아담처럼 우리도 이 부분에서 실패하였습니다. 그들의 죄가 바로 우리의 죄입니다. 우리는 우리 자신의 정당한 자격으로 왕이 되었다고 생각하고, 그것에 따라서 행동하고 반응해왔습니다. 그 결과 다른 사람들이 우리의 압제 아래서 고통을 겪게 되었습니다. 이러한 일은 우리의 가정과 우리의 친구들 사이에서, 우리의 일터에서 그리고 무엇보다도 가장 과오를 많이 범하는 곳인 그리스도인의 사역 현장에서와 교회 사역 속에서 일어납니다.

사람은 자신이 정당한 자격으로 왕이 되었다고 생각함으

로써 우리의 뜻을 다른 사람에게 강요하고, 우리가 바라는 것이 무시되었다고 생각할 때 분노를 터뜨리게 됩니다. 우리는 하나님의 뜻이나 다른 사람들의 필요에 대해 세심하게 마음을 쓰지 않고 우리 자신의 만족과 향상을 위해서 행동합니다. 액톤 경(Lord Acton)이 말한 것처럼 "권력은 부패하기 쉽고 절대 권력은 반드시 부패합니다." 그런데 우리는 적어도 어떤 영역에서는 우리가 절대 권력을 갖고 있다고 생각합니다. 하지만 우리 모두가 어느 한 영역에서도 결코 절대 권력을 갖고 있지 않으며, 우리 자신의 인격의 영역에서조차도 마음대로 할 권리가 없습니다. 우리는 모든 영역에서 하나님의 통치 아래에 있는 왕인데, 다른 길로 행동하게 되면 우리도 사울이 했던 것처럼 임명받은 조건을 어기는 것이 됩니다.

6. 사울과 같은 우리…

사울이 실제적으로 저지른 과실과 우리가 스스로를 왕좌

에 앉히고서 행하는 일들은(비록 우리가 처음부터 눈치채기가 쉽지는 않지만) 본질적으로 매우 유사합니다. 우리가 앞서 살펴본 것처럼 사울이 범한 잘못은 두 경우 모두 자신의 곤리를 가지고 순종과는 너무나 동떨어진 선택을 한 것이었고, 사울은 이에 대해 모두 종교적인 행위를 위해서였다는 구실로 변명을 했습니다.

첫째, 우리는 사울과 같이 하나님이 우리에게 하라고 명령하신 것을 완전히 순종하지 않고, 하나님의 크신 계획의 때를 기다리지 않는다는 사실을 알아야 할 필요가 있습니다. 성경은 우리에게 하나님은 "그를 기다리는 자를 위해 일하시는"(사 64:4) 분이심을 말합니다. 믿음으로 우리가 기다리는 모든 순간이 하나님이 일하시는 순간임을 받아들여야 합니다. 그러나 우리는 어떤 결정을 하기 전에 하나님을 기다리지 않고, 하나님이 말씀하실 때까지 기다리지도 않습니다. 반면에 하나님이 늦게 오시는 것 같으니, '자신을 강요하여' 하나님과는 별도로 독립적인 행동을 하고 하나님이 명하시지 않은 행동을 합니다. 그 행동은 하나님의 깊은 심중 가운데서 나온 것이라기보다는 우리의 머리 꼭대기에서 나온 것입니다. 그것이 우리 안에 있는 독립적인 사울의 특성입니다.

둘째, 우리는 사울이 양떼 중에 가장 좋은 것을 아껴서 남겨놓은 것처럼, 하나님이 우리에게 완전히 진멸하라고 명하신 것들을 아껴서 남겨 놓습니다. 우리는 순종하지만 단지 부분적으로 순종할 뿐입니다. 하나님이 완전히 진멸하라고 명하신 대상은 육신의 모든 표현, 즉 자기중심적인 자아였습니다. 육신에 속한 모든 소욕은 소멸되고 회개해야 할 것입니다. 그러나 우리 속에 있는 어떤 특성들은 그리 나쁘지 않으며, 하나님의 일을 하는 데 있어서 참으로 유용할 수 있다고 우리는 생각합니다. 그리고 자아를 버리려 하지 않습니다.

육신의 일들과 표현에 관련된 하나님의 목적은 헌신이 아니라 죽음입니다. 우리의 타고난 재능 중의 일부는 참으로 하나님의 일을 하는 데 있어서 유용하게 쓰일 수 있습니다. 그러나 그 재능은 담쟁이덩굴처럼 붙어있는 육신과의 결합에서 벗어나고, 자기중심의 자아가 그 재능을 붙잡고 있기를 포기할 때 모두 유용하게 사용될 수 있습니다. 그러나 우리는 자신이 붙잡고 있는 것들 중에서 어떤 것은 아주 확실하게 포기하기도 하면서 어떤 것은 전혀 그렇게 하지 않을 때가 있습니다. 그러므로 우리의 타고난 재능들은 성령 안에서가 아니라 육신의 기운 안에서 육신의 영광을 위하여 여전히 작용하고 있습니다. 이렇게 부분적인 순종, 호감 가는 죄들을 아껴서 남겨 놓는 것은 또한 우리 안에 있는 사울의 전형적인 모습입니다.

이 모든 결과로서 사울에게 임한 것과 똑같은 심판이 우리에게도 선고되었습니다.

> 왕이 여호와의 말씀을 버렸기 때문에 여호와께서도 또한 왕을 버려서 왕이 되지 못하게 했습니다.

하나님이 우리를 사람으로서 버리셨다는 말이 아닙니다. 우리는 믿는 자로서 사랑하시는 자, 예수님 안에서 영원히 하나님에 의해 받아들여졌습니다. 그러나 하나님이 우리에게 다스리도록 주신 그 영역에서 왕이 되지 못하도록 버리셨다는 것입니다. 우리는 여러 면에서 하나님의 말씀을 버렸습니다. 그 결과 아주 엉망진창으로 만들어 놓았고, 우리는 그 영역을 다스리기에 부적합한 실패자로 선언되었습니다. 그래서 하나님은 우리에게서 그 영역을 떼어서 우리보다 더 나은 이웃에게로 주신다고 말씀하십니다.

하나님이 세우신 이웃인 예수 그리스도는 단순히 우리로 더 나은 사울들이 되도록 돕기 위해서 오신 것이 아닙니다. 사울을 더 나은 자로 만들기에는 너무 늦었습니다. 우리 안에 있는 사울은 그가 어떠한 자인지를 그 자신의 모습 그대로 이미 보여주었고, 그의 본성에 대해서 로마서에서 이렇게 말하고 있습니다.

> 하나님의 법에 굴복치 아니할 뿐 아니라 할 수도 없음이라(롬 8:7).

그래서 예수님이 우리를 대신하시고 이양받으시기 위하여 오셨으며, 그분이 넘겨받은 영역들을 계속해서 다스리시는 것입니다. 예수님이 그렇게 행하실 때는 우리 밖의 어떤 존재로서가 아닌 실패한 성도의 인격 안에서 그 인격을 통하여 행하십니다. 물론 예수님은 우리를 용서하시기 위해서 오셨습니다. 하지만 여전히 자신의 자격으로 얻은 왕으로 남아있다고 생각하는 구원이라면 무슨 유익이 있겠습니까? 그가 첫 번째 자리에서 만들었던 그 엉망진창의 상태로 그 위치에 남아 있다면 더 교묘하고 더 위험한 방법으로 또 다시 그리고 더욱 엉망진창의 상태로 만들어버릴 것입니다.

그래서 우리 안에 있는 이 사울이 그리스도에 의해 계속적으로 변화되는 것은 그리스도인의 삶에 어려운 것이지만 너무나 중요하고도 필수불가결한 일입니다. 이것은 어려운 일입니다. 우리는 사울이 그러했던 것처럼 이것을 좋아하지 않을 것이기 때문입니다. 그리고 이것은 중요한 일입니다. 이 길로 가야만 행복과 열매가 있고, 이 길로 가지 않으면 결국 실패와 엄청난 비극에 이르게 되기 때문입니다.

7. 십자가의 메시지

이것은 사울과 다윗의 이야기에만 해당되는 진리가 아닙니다. 구약성경에서의 이 사건은 진리를 설명하기 위한 단순한 실례이고, 신약성경 전반을 통하여 아주 분명하게 선포되는 진리입니다. 인간이 왕으로서 거부되었다는 선언은 예수님의 십자가의 메시지입니다. 다른 이를 왕으로 기름부어 세웠다는 것이 예수님의 부활을 통해 선포된 메시지입니다. 신약성경의 로마서 8:3은 다음과 같이 선언합니다.

> 하나님은 하시나니 곧 죄로 말미암아 자기 아들을 죄 있는 육신의 모양으로 보내어 육신에 죄를 정하사(롬 8:3).

예수님은 우리의 죄를 짊어지셨을 뿐만 아니라 우리와 같은 형상을 입으셨습니다. 그는 구유에서 이미 인간의 형상을 입고 오셨습니다(빌 2:8). 그는 의심할 여지없이 죄 있는 인간의 형상을 입고 오셨습니다. 그러나 십자가에서 더 참혹한 일이 일어났습니다. 예수님은 죄 있는 육신과 똑같은 모습이 되셨습니다. 그는 인간의 육신 안에서 그 모든 불행을 행한 사람의 표상이 되셨습니다. 예수님이 그렇게 된 순간 하나님은 정죄하셨고, 예수님은 부르짖었습니다.

> 나의 하나님, 나의 하나님, 어찌하여 나를 버리셨나이까(마 27:46).

그러나 하나님은 그 아들을 아들로서 정죄하신 것이 아니라 아들이 그때에 입고 있던 죄 있는 육신의 형상을 지닌 자로서 정죄하신 것이었습니다. 예수님을 심판하시면서 하나님은 실제로 '육신의 죄를 정죄한 것이었습니다.' 사람에게 가해진 판결은 어떠했습니까! 왕으로서는 완전히 배제되었고, 하나님께 겸손하게 회개하는 복종자로서 죽음에서 다시 살아나신 예수님께 모든 것을 돌려 드리면서 다시 살아가게 되었습니다. 사람이 또 다시 자신의 권리를 내세우며 스스로 왕이 되어 행동하고 반응하려 할 때마다 그는 다시 십자가를 바라볼 수 있고, 자신에게 가해진 판결을 다시 받아들이고, 그 종속적인 위치로 다시 회복될 수 있습니다.

이것이 바로 본서의 저자 서문에 있던 내용인 갈라디아서 2:20의 "내가 그리스도와 함께 십자가에 못 박혔나니"라는 구절이 가르치는 것입니다. 즉 십자가에서 그리스도가 심판 받았을 때 나도 심판을 받은 것입니다. 법의 관점에서 한 사람이 다른 사람의 빚을 갚는다는 것은 빚을 진 사람 자신이 진 빚을 갚는 것과 같습니다. 바울이 이 점을 강조해서 말합니다.

우리가 생각하건대 한 사람이 모든 사람을 대신하여 죽었은즉 모든 사람이 죽은 것이라(고후 5:14).

십자가는 우리가 고쳐지는 것이 아니라 우리가 끝났다는 것을 의미하는 곳입니다. 하나님은 첫 사람을 대신하여 죽은 자들 가운데서 한 사람을 일으키셨기 때문에, 왕으로서 첫 사람의 역사는 십자가에서 끝났습니다. 하나님은 그를 고치시려는 의도가 아니었습니다. 그래서 갈라디아서 2:20은 우리가 그리스도와 함께 십자가에 못 박힌 것으로 멈추는 것이 아니라 '내가 살고 있으나 하지만 내가 아니라 내 안에 그리스도께서 사신 것이라'고 계속하여 말하는 것입니다. 첫 사람에게서 떼어진 왕국은 하늘에서 온 주님인 둘째 사람에게 주어졌습니다. 황송하게도 그 주님이 인간 안에 거하시면서 인간 위에 그리고 인간을 통해 하나님의 통치를 하고 계십니다.

8. 사울은 무엇을 해야 했습니까?

사울이 자신에게 가해진 이 엄중한 판결을 받았을 때 그는 이상적으로 무엇을 해야 했습니까? 그는 겸손하게 자신을 낮추어서 "제가 지금까지 죄를 지어왔습니다. 제가 이스라엘을 다스리지 못하도록 버림받은 것은 옳고 적합합니다. 하나님이 선택하신 저보다 나은 이웃이 오는 대로 저는 이 자리에서 내려와 모든 것을 그에게 넘겨줄 준비가 되어 있습니다. 그의 모자를 잡을 수 있는 것만으로도 저에게는 특권입니다!"라고 말하면서 하나님의 판결을 받아들였어야 했습니다.

그러나 이런 사울의 모습은 어느 누구에게서도 기대할 수 없을 것이라고 여러분은 말할 것입니다. 이는 우리 모두가 다 사울이기 때문입니다. 사울은 실제적으로 "제가 범죄했습니다"(그는 이 말을 한 번 이상 말했습니다)라고 말했음에도 그 자신에게 가해진 하나님의 판결을 받아들이려고 하지 않았고, 다른 자를 위하여 자신이 내려오려고도 하지 않았으며 할 수도 없었습니다. 사울에게는 자신이 어리석음을 범했고 아주 큰 잘못을 했다고 고백하고(삼상 26:21) 회개하는 것 같은 순간이 한 차례 있었음에도 그는 결코 이 기본적인 단계를 밟으려 하지 않았습니다. 그는 버림받은 왕으로서 싸울 것을 고집했고 그렇게 해서 결국 필연적인 불행과 비극을 맞이하게 되었습니다. 이것이 사무엘상의 매 장을 가득 채우는 깨어지지 않은 인간의 이야기입니다.

사울이 인정하려 하지 않았던 것은 바로 우리에게도 해당되는 부분이고 반응이며, 아무도 하려고 하지 않는 모습입니다. 우리는 아주 깊은 단계에서 우리에게 가해진 버림받은 왕이라는 하나님으로부터 내려진 판결을 받아들여야 합니다. 우리는 실패자들로서 각각의 상황과 다루어지는 주제들마다 그리스도가 왕으로서 이양 받으셔야 한다고 고백을 해야 합니다. 이것은 그리스도의 죽음과 부활로 그리스도와 우리 자신을 동일시한다는 진리에 대하여 전반적인 이해와 지식적인 동의를 통해서 얻어지는 것이 아닙니다.

우리가 완전히 그리스도께 굴복된 순간에 믿음으로서 갈라디아서 2:20이 우리의 경험 가운데 실제적으로 이루어지는 것입니다. 더 실제적으로, 어떤 부분에 대하여 우리에게

죄라고 성령께서 지적하시고 도전하실 때 "그렇습니다"라고 반응할 때 이 말씀이 이루어지는 것입니다. 하지만 "제가 죄를 범했습니다"라고 고백하는 것만으로는 충분하지 않습니다. 지금 문제시되고 있는 어떤 죄의 모습이 자신은 실패자이고 스스로 왕인 것처럼 행동한 사울임을 보여주고 있다는 것을 아주 철저하게 보아야 합니다. 제 자신이 저의 어떤 영역에서 다스리지 못하도록 버림받은 것은 마땅하고 타당하다는 것을 인정해야 합니다. 이것이 십자가 아래에 이르게 되었다는 것이 의미하는 바입니다. 십자가 아래, 바로 그곳에서 죄의 용서와 모든 불의에서 깨끗케 됨이 예수 그리스도의 피를 통해 보증되는 것입니다. 더 나아가 예수 그리스도는 제가 실패했다고 인정한 바로 그 장소로 옮기셔서 친히 제 안에서 너무도 비참하게 부족하다고 고백한 바로 그 부분을 채워주십니다.

그러나 우리는 항상 우리가 그렇게 해야만 하는 것만큼 그렇게 빨리 그 자리에 이르지 못합니다. 저와 제 아내는 수년 전에 북아메리카의 선교 수련회에 참석했던 적이 있습니다. 강의 시간 중, 한 여자 선교사는 선교지에서 자신이 사역과 전도하는 일을 망쳐놓게 된 여러 사건 속에서 어떻게 주님이 그녀를 다루셨는지를 솔직하게 간증했습니다. 그 다음 강의에서 저의 아내는 당시 들은 것을 언급하면서 "그녀 자신을 실패자라고 고백하는 한 선교사의 고백을 듣게 하심에 대하여 하나님을 찬양합니다"라고 말했습니다. 그 말을 들은 즉시 그 선교사는 마음이 그렇게 편하지 않았습니다. 그녀는 "내가 한 말이 내가 실패자라는 고백이었나? 내가 용서를 필요로 하는 어떤 죄를 범한 것은 사실이지만 하지만 단연코 그것이 내가 실패자라고 의미하지는 않는데"라고 자신에게 말했습니다. 그러자 그녀는 이틀 동안 마음의 평안을 잃었고 마침내 그녀가 실패자였다는 것을 의미했다는 것을 고백하고 나서야 마음의 평안을 다시 얻었습니다. 그것은 그녀에게 중요한 전환점이 되었고 그것이 예수님께 그녀와 함께 하는 새로운 기회를 주었습니다.

때때로 우리는 하나님과의 바른 관계를 구하면서 우리 또한 무언가를 고백합니다. 그러나 우리 자신과 다른 사람에게 항상 말하기를 "그것은 진짜 저의 모습이 아닙니다. 그저 그 순간 저는 아무런 의식 없이 행동했습니다"라고 말할 것입니다. 그러나 이는 진실이 아닙니다. 우리가 어떤 문제를 두고 행동으로 옮길 때, 우리는 결코 사울의 의식을 깊이 가지고 행동하지 않습니다. 하지만 하나님은 우리로 하여금 어떤 사실을 있는 그대로 고백하기를 기대하십니다. 그럴 때만이 하나님과의 평화가 회복되고 예수님이 새롭게 자리를 차지하십니다.

9. 사울을 위해 슬퍼함

우리가 이미 말해온 것과 같이 사울 자신이 더이상 이스라엘을 다스리지 못하도록 버림받은 것에 대해 받아들이지 못했던 것처럼, 이상하게도 사무엘 역시 그것을 받아들이는 데 어려움을 겪었던 것 같습니다. 사울에게 그 판결을 선언한 사람은 사무엘이었지만, "그럼에도 사무엘이 사울을 위해 슬퍼했다"는 것을 읽게 됩니다. 사무엘은 그 생명에 대한 타당한 약속이 결실을 이루지 못한 것을 슬퍼했고, 그에 대한 사무엘 자신의 높은 기대가 허물어진 것을 슬퍼했습니다. 사울에 대한 사무엘 자신의 기름 부음이 잘못되어 가는 것 같다는 사실로 인해 슬퍼했습니다. 그 사실이 사무엘의 사는 날 동안 그를 침울하게 만들었고 그는 무거운 한숨 가운데서 지냈습니다. 그것이 하나님의 목적을 막을 정도로 사무엘에게서 아주 중대한 일이었습니다. 그래서 하나님은 그에게 이렇게 말씀하셨습니다.

> 내가 이미 사울을 버려 이스라엘 왕이 되지 못하게 하였거늘 네가 그를 위하여 언제까지 슬퍼하겠느냐 너는 뿔에 기름을 채워 가지고 가라…내가 네게 알게 하는 자에게 나를 위하여 기름을 부을찌니라 (삼상 16:1-3).

더 슬퍼하는 대신에 사무엘은 사울에 대한 하나님의 마지막 거부를 받아들여야 했고, 하나님이 사무엘에게 보이실 새로운 왕에게 기름을 부어야 했습니다.

사무엘이 사울의 후계자에 대한 새로운 장을 시작해야 할 때인데도 사울에 대한 하나님의 거부를 실제적으로 받아들이지 않은 채 여전히 사울을 위해 슬퍼한 이유는 무엇입니까? 저는 그 이유를 잘 압니다. 제 자신이 죄인이라는 사실을 받아들이고 싶지 않았을 때, 저 역시 사도 바울이 '옛 사람'이라고 부른 사울을 놓고 슬퍼했습니다. 제 마음 속에 없어야 하는데 여전히 제 마음속에 존재하는 옛 사람을 발견하고 슬퍼했고, 제가 아직도 변화되지 않은 것을 보고 슬퍼했고, 예수님으로 인해 찬송하고 이 모든 것을 새롭게 만든 그분의 보혈로 인해 찬송하는 대신에 제 자아를 놓고 슬퍼했었습니다. 제가 이렇게 슬퍼하고 있는 것은 제가 그리스도의 십자가에서 표현된 제 자신의 심판을 감사한 마음을 가지고 받아들이지 않기 때문입니다. 죄로 인한 부끄러움과 후회로부터 깨끗케 해주시는 그리스도의 보혈의 능력을 믿지 않기 때문입니다. 이것이 얼마나 중요한 말인지 모릅니다! 너무나 자주 하나님은 제 영혼을 향해 "내가 그를 버린 것을 보면서도 너는 얼마나 더 오랫동안 사울을 위해서 슬퍼하느냐?"라고 말씀하셔야 했습니다.

우리 자신을 버림받은 왕으로 고백하면 참으로 마음의 평안 그 이상의 무언가가 있습니다. 존 번연(John Bunyan)은 "아래에 있는 자는 떨어질 것을 두려워할 필요가 없다"라고 말했습니다. 하나님이 우리에게 유죄라고 선고하실 때 우리 자신을 버림받은 왕으로서 고백하는 것은 우리로 하여금 하나님께 동의하는 것을 더 쉽게 만듭니다. 우리의 삶 속에 사울과 같은 잘못된 자기, 즉 옛 사람의 모습을 보게 될 때 우리는 더 이상 그것으로 인해 놀라지 않을 것입니다. 바로 그때 "저는 참으로 실패자입니다. 그러나 예수님이 제 안에서 위대한 성공이 되시고, 예수님이 제 안에서 생명이 되어 다시 사십니다"라는 이러한 시인과 자백의 토양 속에서 예수님을 향한 기쁘고 담대한 믿음이 자라나는 것입니다.

2장
기름 부음 받은 왕

그가 여기 오기까지는 우리가 식사 자리에
앉지 아니하겠노라…여호와께서 이르시되
이가 그니 일어나 기름을 부으라
(삼상 16:11-12).

이제까지 하나님이 어떻게 사울을 제쳐놓게 되셨는지를 보았습니다. 이제는 버림받은 왕으로부터 기름 부음 받은 왕으로, 다윗의 기름 부음에 대하여 살펴볼 것입니다. 사무엘은 확실히 다른 사람에게로 돌아서야 할 필요가 있었습니다. 그는 사울을 위해 아주 오랫동안 슬퍼했습니다. 이제 하나님이 사무엘에게 이렇게 말씀합니다.

> 너의 뿔에 기름을 채워 가지고 가라 내가 너를 베들레헴 사람 이새에게로 보내리니 이는 내가 그 아들 중에서 한 왕을 보았느니라(삼상 16:1).

이는 자신과 그리스도인으로서의 경험에서 실망하여 승리를 가져올 해답을 찾고 있는 그리스도인의 모습 그대로입니다. 만약 그가 자신이 그리스도와 함께 십자가에 못 박혔고 심판받은 것을 받아들이고 사울, 아니 바로 자신으로부터는 어떤 선한 것도 기대하지 않게 될 때, 그는 이제 어디로 가겠습니까? 최근 수년 동안 주님의 백성은 그리스도인으로서 신앙고백하기에 실패하고 공허함에 대한 해답을 열심히 추구해왔습니다. 이 장에서 다루는 교훈은 이러한 부분과 깊은 관련이 있습니다.

"내가 이새의 아들들 중에서 나에게 한 왕을 보았다"라는 하나님의 말씀을 주목해 보십시오. 예의를 중시한 엘리자베스 여왕 시대의 영어를 사용하는 흠정역은 "나 자신을 위해서 준비했다"라고 번역했습니다. 이 왕은 이스라엘을 위하여 준비된 것이 아니라 하나님을 위하여 준비되었습니다. 왕을 필요로 한 자가 하나님이셨습니다.

첫 왕은 하나님의 뜻을 이루어 드리지 못했습니다. 하나님은 참으로 그의 모든 뜻을 이루고, 하나님을 위해 하나님의 통치 아래 다스릴 자가 필요했습니다. 그래서 새로운 왕을 필요로 하는 자는 우리가 아니라 하나님이심을 반드시 기억해야 합니다. 우리는 실패했으며 하나님의 모든 뜻을 이루어 드리지 못했습니다. 그리고 이 이야기 속에 나오는 이 시점에서의 사무엘과 같이 우리도 아직 그가 누구인지 어떻게 그가 이 모든 것을 이루게 될 수 있는지는 보지 못했습니다. 하지만 완전한 대답이 되시는 자를 하나님이 하나님 자신을 위하여 준비하셨습니다.

베들레헴에 있는 이새의 집에 간 사무엘은 이새의 아들들로 그의 앞을 지나가게 했습니다. 첫 번째로 지나간 엘리압은 여러분이 만나기를 원하는 인간미가 넘치는 멋진 남성의 모습을 갖고 있었습니다. 사무엘이 그를 보고 즉시 마음에 이르기를 "여호와의 기름 부으실 자가 과연 주님 앞에 있도다"(삼상 16:6)라고 말했습니다. 사무엘은 우리가 종종 하는 것처럼 단지 눈에 보이는 외모만으로 판단했던 것입니다. 그래서 하나님은 사무엘에게 "그의 용모와 키를 보지 말라 내가 이미 그를 버렸노라"(삼상 16:7)고 말씀합니다. 그 다음 아들 또 그 다음 아들이 그의 앞을 지나갔고 일곱 아들을 모두 보았지만 사무엘은 그들 모두에게 "여호와께서 이들을 택하지 아니하셨느니라"(삼상 16:9)는 말을 해야 했습니다. 그 순간 그의 사명은 전혀 결실을 맺지 못할 것만 같았습니다.

1. 이새의 아들들

이 시점에서 이야기를 잠시 멈추고 이새의 일곱 아들 모두가 거절된 것이 무엇을 의미하는지 생각해 보겠습니다. 물론 다윗이 그리스도의 예표(부록 1을 보십시오)라는 식으로 이들을 성경 속의 전형적인 인물이라고 주장할 수는 없습니다. 그러나 그들을 단순히 실례로서, 아주 중요한 실례로서 사용할 수 있다고 생각합니다. 저는 그들을 보다 나은 승리하는 삶의 축복을 얻기 위해서 우리가 바라보고 노력하고 있는 다양한 활동들을 묘사하는 것으로 간주하기를 원합니다. 우리 마음의 욕망이 이루어지기 위해서라면 이들을 우리가 해야 하는 의무나, 우리가 도달해야 하는 어떤 성취나, 우리가 지켜야 하는 규칙이나, 우리가 가져야 하는 어떤 영적인 경험들을 나타낸다고 말할 수 있습니다. 하지만 교사마다 서로 다른 것을 강조합니다.

이새의 아들들이 오늘날 그리스도인들에게 나타내는 것이 무엇인지를 자세한 항목으로 구체화하지는 않으려고 합니다. 그 이유는 이새의 아들들이 여러분에게 개인적으로 의미하는 것을 놓치지 않도록 하기 위해서입니다. 혹은 여러분 자신이 선호하는 자신의 영적인 성장을 위한 형식이나 방법이 있을 것이기에 논쟁하고 싶지 않기 때문입니다. 오직 하나님만이 이새의 아들이 우리에게 무엇을 의미하는지 보이실 수 있습니다. 하나님이 그렇게 하실 때 하나님은 항상 우리가 막을 수 없도록 우리 안으로 서서히 들어오시기 때문에 항복할 수밖에 없습니다.

이새의 아들들은 공통적으로 우리의 인간적인 노력과 연관이 있는 행위에 의존하는 미묘한 여러 가지 다양한 형태를 갖고 있습니다. 다른 말로, 이는 우리가 원하는 축복을 얻으려고 노력하는 것을 의미합니다.

믿음을 의지하지 않고 행위를 의지함이라(롬 9:32).

그것은 늘 무언가를 행해야 함을 강조합니다. 이러한 이유 때문에 이새의 아들들의 요구 아래서는 "앉아 있을 수가" 없습니다. 저는 이번 장을 시작하면서 이 성경구절을 언급했습니다. 이 요구를 이루기 위해서 최선을 다했을 때, 여러분의 양심은 축복을 받기 위해서는 해야 할 것이 아직 더 있다고 말합니다.

실례로서 '경건의 시간'에 대하여 생각해 보십시오. 그동안 여러분이 매일의 기도와 성경을 읽는 것을 게을리 해왔다고 가정합시다. 여러분은 "매일 해야 한다고요? 저는 경건의 시간을 매일 가져야 하는 것으로 결코 생각하지 못 했어요"라고 말한 후, 경건의 시간을 위해 매일 15분을 따로 떼어 놓습니다. 그런데 어느날 매일 30분을 경건의 시간으로 보내는 사람을 만났다고 해봅시다. "그러면 나도 매일 30분 경건의 시간을 가져야 해. 그렇지 않고 어떻게 내가 축복을 받을 수 있겠는가?"라고 여러분은 스스로에게 말합니다. 그 후 여러분은 '신자는 적어도 하루에 한 시간씩 경건의 시간을 가져야 할 필요성이 있다'고 말하는 책을 읽게 됩니다. 그러자 경건의 시간을 더 길게 가지려고 노력합니다.

솔직하게 말해서 기도로 그렇게 오랜 시간을 채우는 것은 여러분에게 어려운 일입니다. 하지만 이 시간을 채우려고 몸부림칩니다. 그러자 이제는 정기적으로 기도로 밤을 새우는, 여러분을 전율하게 만드는 사람을 만나게 됩니다! 이쯤 되면 여러분은 포기합니다. 여러분은 이길 수가 없습니다. 이새의 아들의 요구에 결코 미칠 수가 없고, 그가 찾고 있는 것을 발견한 자로서 결코 "앉아 있을 수가" 없습니다.

우리 자신의 경건의 시간에 대해서 말할 때, 그러한 특정 형태의 활동이 특별히 이새의 아들의 예와 같다는 것을 말하는 것이 아님을 이해해주기 바랍니다. 여러분에게서 이새의 아들은 전혀 다른 것으로 하나님만이 보여주실 수 있는 것입니다. 이새의 아들은 은혜로 주어지는 것이 아니라 항상 율법의 한 형태로, 더 큰 축복을 받기 위해서 의존하는 행함의 행위를 말하는 것임을 보여주기 위한 순수한 실례로서 언급되었습니다. 그들 모두는 우리에게 아무것도 없는 죄인으로 나아오기보다는 무언가 어떤 것을 가지고 나아오라고 요구하고, 그 이유에 대하여는 아무런 해답을 제공하지 못합니다.

아우카의 인디안 족에게 복음을 전하다가 생명을 잃었던 젊은 선교사인 짐 엘리엇(Jim Elliott)는 대단히 심오한 말을 했습니다.

그저 주어지는 은혜가 아니라면, 그것은 하나님께로부터 온 것이 아닙니다.

여러분이 설교자라면, 은혜가 아닌 율법을 가르치려고 의도하지 않았다는 것을 저는 압니다. 그러나 여러분의 말을 듣는 자들에게는 은혜가 아니라 율법을 가르치는 것으로 들릴 수 있습니다. 물론 여러분은 설교자가 아닐 수도 있습니다. 그러나 제가 생각하기에 여러분은 설교자입니다. 우리 모두는 설교자입니다. 우리는 다른 사람에게 설교하지 않으면 우리 자신의 마음에 설교를 합니다. 아주 빈번하게 우리가 설교하는 그 메시지는 스스로에게 우리 자신의 힘으로 오직 더 '노력해야' 한다고 말합니다. 그리고 도달할 수 없는 우리는 결국 절망에 이르게 됩니다. '생명에 이르게 할 그 계명'을 지키기 위해 제가 계속 노력한다 해도 '저는 죽음에 이르게 되는 것을 발견합니다.' 제가 이룰 수 없기 때문에, 그것은 단지 제 자신을 정죄하게 만듭니다. 로마서 7:10에서 바울이 말했습니다.

한편으로 여러분이 계속 법을 지키려고 노력하거나 법

을 지키고 있다고 생각한다면, 그러한 생각은 여러분 자신을 다른 이들과 비교하고 교만에 이르게 할 수도 있습니다. 참으로 이것이 여러분이 이새의 아들들과 동일시할 수 있는 여러 가지 방법들 중의 하나이고 그 결과로서 여러분을 한편으로 절망에 이르게 할 수도 있고, 다른 한편으로 교만에 이르게 할 수도 있습니다.

2. 일어나라, 그에게 기름을 부어라

사무엘은 일곱 아들 중에서 기름 부을 사람을 발견하지 못하고 이새에게 "네 아들들이 다 여기 있느냐?"라고 물었습니다. "아직 막내가 남았는데 그는 양을 지키나이다"라고 이새가 대답했습니다. 이새는 별로 중요하지 않은 어린 소년에 불과한 아들을 그 자리에 불러올 가치가 있다고 생각하지 않았습니다.

그때 사무엘이 흥분해서 말합니다.

사람을 보내어 그를 데려오라. 그가 여기 오기까지는 우리가 식사 자리에 앉지 아니하겠노라(삼상 16:11).

이것은 중요한 복음의 내용으로 그 마지막 문장을 잠깐 더 자세하게 살펴볼 것입니다. 다윗이 마침내 들어왔을 때, 그는 우리 주 예수 그리스도의 아름다우신 모습을 우리에게 그대로 보여주었습니다.

그의 빛이 붉고 눈이 빼어나고 얼굴이 아름답더라. 여호와께서 이르시되 이가 그니 일어나 기름을 부으라(삼상 16:12).

사무엘은 그가 기름을 부을 사람, 아니 하나님이 선택하신 사람을 발견한 것을 알고서 다윗에게 기름을 부었습니다. 다윗의 외모에 대해 묘사된 이러한 말들은 아가서에서 술람미 여인이 솔로몬에 대해 묘사한 것을 우리에게 상기시킵니다.

내 사랑하는 자는 희고도 붉어 많은 사람 가운데에 뛰어나구나…입은 심히 달콤하니 그 전체가 사랑스럽구나 예루살렘 딸들아 이는 내 사랑하는 자요 나의 친구로다(아 5:10, 16).

　이러한 말은 성인들과 찬송가를 지은 자들이 예수님에 대하여 묘사하면서 항상 즐겼던 표현입니다. 다윗은 "완전히 아름답고 많은 사람 가운데에 가장 뛰어난 자"였습니다.

　우리는 다윗에 대한 묘사를 통해서 우리 주 예수님의 아름다우심을 보게 됩니다. 예수님의 매력은 묘하게도 죄인들에게 더 큰 영향력을 가집니다. 예수님께로 이끌리는 자들은 모두 그러한 자들이라는 사실에서 보여주듯이, 이것이 예수님이 가지신 매력입니다. "많은 사람 가운데에 가장 뛰어난"이라는 구절에서 '가장 뛰어난'이라는 말은 히브리어로는 '특히 뛰어난 이'라는 뜻으로, 다시 말하면 예수님은 그의 매력이 다른 모든 사람보다 뛰어나다는 것을 의미합니다.

　시편 45편은 틀림없이 메시아에 대하여 예언하고 있는 분명한 시편인데, 2절에서도 메시아에 대해 위와 똑같이 말하고 있습니다. "왕은 사람들보다 아름다워." 어떤 부분에서 메시아가 모든 사람들보다 아름답습니까? 이어지는 시편의 다음 구절에서 우리는 그 해답을 얻게 됩니다. "은혜를 입술에 머금으니." 메시아를 모든 다른 인생보다 더 아름답게 만드는 것이 은혜의 속성입니다. 이 은혜가 죄인들을 향한 메시아의 태도입니다. 이들은 그들의 동료 죄인들에게는 너무나 까다롭고 지나치게 비판적입니다. 그러나 주 예수님은 그렇지 않습니다. 그분의 입술에 은혜가 쏟아질 뿐만 아니라, 그분의 입술에서 은혜가 쏟아져 나옵니다. 누가는 다음과 같이 기록합니다.

> 그들이…그 입으로 나오는 바 은혜로운 말을 [은혜의 말들] 놀랍게 여겨(눅 4:22).

은혜는 받을 자격이 없는 자들을 향한 사랑입니다. 하나님은 창조하신 모든 자를 사랑하십니다. 그러나 그 사랑의 대상이 완전히 사랑받을 자격이 없고 잘못되고 비참한 상태에 빠졌을 때도, 그 사랑은 이로 인해 변하지 않고 받을 자격이 없는 자를 위해서 더 역사하게 되는데, 이 사랑을 다른 말로 은혜라고 부를 수 있습니다. 이것이 하나님이 쓰고 계신 면류관에서 가장 밝은 보석인 하나님의 거룩한 성품의 속성입니다. 이것은 다른 어떤 속성보다 하나님이 밝히 드러내기를 기뻐하시는 하나님의 속성입니다. 예수님은 그 은혜를 구체화한 형상이십니다.

사도 요한이 말한 것과 같이 "율법은 모세로 말미암아 주신 것이요 은혜와 진리는 예수 그리스도로 말미암아 온 것"(요 1:17)입니다. 죄인들을 비난하는 대신에 예수님은 죄인들을 위해 죽으셨고, 십자가에서 그들의 죄로 인한 모든 비난을 짊어지셨습니다. 그래서 정직하게 자백하기만 하면, 한 사람의 죄와 실패보다 더 큰 은혜를 받을 수 있는 자격이 주어집니다. 그리고 아무도 그를 가로막지 못합니다. 이것이 죄인들을 예수님께로 끌리게 만드는 것입니다. 이것이 예수님을 "모든 사람들보다 더 뛰어나게" 만드는 것입니다. 예수님이 하시는 것과 같이 죄인들을 대우하는 것은 인간의 방식을 따른 것이 아닙니다. 그렇기에 예수님은 모든 인생보다 뛰어난 분이십니다.

3. 우리는 앉을 수 있습니다

이제 "그가 여기 오기까지는 우리는 식사 자리에 앉지 아니하겠노라"는 말을 적용해 보아야 합니다. 우리는 율법과 그 유사한 것들 아래에서는 '앉아 있을 수' 없다는 것을 보았습니다. 하지만 예수님이 함께 하시면 그렇지 않습니다. 예수님이 오시면, 축복을 받기 위한 수단으로서 노력했던 우리 자신의 행위로부터 안식하게 되고 그러한 행위를 통해 추구했던 만족을 예수님 안에서 선물로서 발견합니다. 그렇기 때문에 우리는 참으로 앉을 수 있습니다. 예수님이 먼저 앉으셨기 때문에 우리는 앉을 수 있습니다.

성도든 죄인이든 우리 모두가 똑같이 잘못한 한 가지가 있는데 그것은 바로 죄입니다. 예수님이 자신을 드려 그 죄를 완전히 제거하셨으므로 그분은 이제 앉아계십니다.

> [예수님이] 죄를 정결케 하는 일을 하시고,… [예수님이] 앉으셨느니라 (히 1:3).
>
> 오직 그리스도는 죄를 위하여 한 영원한 제사를 드리시고 하나님 우

편에 앉으사(히 10:12).

죄인이나 실패한 성도를 하나님과 완전히 바른 관계에 이르게 하기 위해 예수님이 해야 할 것은 더 이상 아무것도 없습니다. 예수님이 오시면, "매일 서서 섬기며 자주 같은 제사를 드리되 이 제사는 언제나 죄를 없게 하지 못하"(히 10:11)는 구약의 제사장들과 같은 우리를 초대하셔서 예수님과 함께 앉게 하시고, 그분의 안식을 함께 누리게 하십니다.

> 이미 그의 안식에 들어간 자는 하나님이 자기 일을 쉬심과 같이 자기 일을 쉬느니라(히 4:10).

그것은 예수님이 구원을 위한 자기 일을 다 하시고 쉬는 것과 같습니다.

그러나 이러한 살아있는 경험은 예수님이 '이곳에 오실 때'만 가능합니다. 예수님이 우리의 필요 가운데 새롭게 우리에게 오실 때에만, 성령님에 의해서 예수님 보혈의 의미를 새롭게 깨닫게 됩니다. 다른 말로 하면 예수님이 십자가에서 완성해 놓으신 사역에 대해 성령님이 우리에게 새롭게 보게 하실 때에만 우리는 앉을 수 있게 됩니다.

그러나 우리가 앉기 위해서는 우리로 하여금 아주 궁핍한 상황으로 몰고 간 죄에 대하여 회개해야 할 필요가 있습니다. 필사적으로 노력하는 것과 안식하는 것 사이에 다른 대안이 있는 것이 아닙니다. 그 둘 사이에 반드시 해야 하는 것이 있습니다. 여러 다양한 문제들 속에서 우리는 어떤 그리스도인들이라도 할 수 있는 그런 미묘한 핑계들을 대면서 주님을 떠나기도 합니다. 우리가 그리스도의 보혈의 공로로 인해서 앉아서 쉬기 전에 반드시 돌이키는 것이 있어야 하고 그곳에서 회개가 있어야 합니다. 회개함으로써 우리가 평안을 발견하게 되면, 우리는 예수님이 완성하신 사역으로 인해 안식할 수 있고 안식해야 합니다. 이것이 이사야 30:15의 메시지입니다.

> 너희가 돌이켜 조용히 있어야 구원을 얻을 것이요.

이것은 참으로 중요한 부분인데 돌이켜서 결심하는 것이

아니라 돌이켜서 안식하는 것을 말합니다.

4. 필사적인 노력의 마침

"이가 그니 일어나 기름을 부으라"는 말 속에서 가장 중요한 부분이 특히 "이가 그니"라는 구절입니다. 이것이 해답을 구하는 모든 자에게 항상 성령께서 하시는 일입니다. 인간이 시도하는 다른 모든 것이 실패로 돌아갈 때, 성령님은 그에게 예수님을 가리키고 "이가 바로 그분이다"라고 말씀하십니다. 필립스(Phillips)는 로마서 10:4을 다음과 같이 의역합니다.

> 그리스도는 그를 믿는 자에게 율법의 의를 이루기 위하여 필사적으로
> 노력하는 것을 끝내는 것을 의미한다.

우리는 의(다른 말로 하면 하나님과의 바른 관계를 맺는 것)를 위해서, 평화를 위해서, 능력을 위해서, 부흥을 위해서 얼마

나 필사적인 노력을 해왔습니까! 그러나 마침내 예수님이 "여기에 오신 것입니다." 그것은 우리의 필사적인 노력의 마침을 의미합니다. 예수님 그분 자신이 우리가 구하는 축복 그 자체이고, 현재 우리의 모습 그대로 우리가 어디에 있든지 우리에게 유효하고 그 축복에 쉽게 이르게 하는 바로 그 길이십니다. 이것은 넓은 의미에서 일반적으로 이해되는 부흥을 직접적으로 의미하지는 않을지 몰라도, 예수님을 새롭게 발견한 자에게는 분명한 부흥입니다. 부흥은 분명히 어느 곳에선가 시작됩니다. 그렇다면 예수님을 새롭게 발견한 자 안에서 시작되지 않겠습니까?

5. 진리의 균형

지금까지 다루어온 것에 대하여 균형을 이루기 위해서 진리의 다른 한 면에 대하여 잠시 다루어 보려고 합니다. 한쪽 면만을 나타내면 그것이 문제를 해결하기보다는 더 많은 문제를 일으킬 수 있습니다. 하지만 성경에서의 진리는 항상 아름답게 균형을 이루고 있습니다. 저는 경건의 시간이 우리에게 '이새의 아들들'이 될 수 있고, 우리로 하여금 절망으로 이끄는 속박에 이르게 하는 율법주의의 한 형태가 될 수 있는 가능성에 대하여 말했던 것을 이 시점에서 생각하고 있습니다. 제가 이미 말한 것처럼, 이것은 '이새의 아들들'이 의미하는 여러 가지 활동 중에서 하나의 실례일 뿐입니다. 하지만 그것을 언급함으로 여러분에게 오해가 생길 가능성이 있기에 명확하게 짚고 넘어가야 할 부분이 있습니다.

평안과 충만함을 얻기 위한 우리의 모든 필사적인 노력의 마침으로 그리스도를 발견하였을 때, 개인 기도나 하나님의 말씀에 대한 연구는 우리에게 특별히 중요한 일이 아니라고 생각할지도 모르겠습니다. 하지만 실제로는 정반대입니다. 그리스도를 우리의 모든 필사적인 노력의 마침으로 발견할 때, 우리는 기도하고 말씀을 연구하는 이 거룩한 훈련에 더 많은 시간을 보내기를 원하게 될 것입니다. 그러나 이러한 차이점은 있을 것입니다. 기도하고 말씀을 연구하는 것이 이전에 신뢰의 대상이 되었던 만큼 더 이상 우리에게 신뢰의 대상이 되지 못합니다. 이전에 기도와 말씀 연구는 우리의 강한 자의식이 무언가를 하고 있다고 생각하게 만들었던 활동들입니다. 그로 인하여 더욱 거룩함으로 나아가기를 희망하면서 행했던 것들이었습니다.

하지만 우리는 이제 우리의 필요를 예수님 그분 안에서 발견하고 있습니다. 예수님은 우리가 가장 강할 때와 마찬가지로 가장 약할 때에도 언제든지 우리에게 도움이 되어주시는 분입니다. 예수님을 새롭게 발견하면서 우리는 기도와 예배와 말씀에 대하여 새로운 욕구와 갈망에 사로잡힘을 느낍니다. 불평이 있다면 때때로 이 땅에서의 여러 의무로 인해 우리로 하여금 대단한 즐거움을 맛보게 하는 주님과 함께 보내는 이 시간을 충분히 가지지 못하게 되는 것입니다. 물론 그러한 시간이 우리에게 그리스도에 대해 더 분명한 시각을 갖게 하고, 그것이 우리로 하여금 그리스도와 함께 더 많은 시간을 보내도록 자극하게 됩니다. 그리고 마침내 우리는 영원히 기도하고 찬양할 수 있을 것이라고 느끼게 됩니다. 그러나 다른 사람들의 필요가 우리를 부릅니다. 그리고 우리는 우리의 얼굴과 마음에 영광의 빛을 가지고 그러한 필요들과 다른 일들에 반응합니다.

이것은 경건의 시간에 대하여 너무나 평범한 율법적인 관점과는 확연히 다른 외침입니다. 율법적으로 가지는 경건의 시간은 우리가 예수님만을 바라보기보다는 그 경건한 행위들을 직접적으로 바라보기 때문에 우리에게 어떠한 축복도 가져오지 못합니다. 경건의 시간이 우리로 그리스도에게 이르게 하는 길이 아니라 그리스도가 우리로 경건의 시간에 이르게 하는 길이라는 이 중요한 사실을 우리는 새롭게 발견합니다. 경건의 시간은 원인이 아니라, 우리 마음 안에 계신 그리스도의 생명의 결과입니다.

그러나 만일 우리가 개인적인 기도와 말씀에 대한 욕구와 즐거움을 소유하고 있지 못하다면, 이는 우리 주 예수님과의 관계에서 무언가 잘못된 것이 있다는 것을 보여주는 신호입니다. 그러한 경우에는 경건의 시간에 대한 새로운 약속을 시도하지 말고 잘못된 것에 대하여 회개하고 예수님과 다시 바른 관계를 갖는 것이 해답입니다. 그렇게 할 때 예수님이 다시 기도와 찬양과 말씀에 대한 즐거움에 이르는 길이 되어 주시고, 예수님이 우리의 상황에 적합한 경건의 시간과 형태로 우리를 인도하실 것입니다.

6. 마침의 시작

다윗이 기름 부음을 받는 장면으로 다시 돌아가서 두 가지를 더 언급하고자 합니다. 다윗을 발견하고 기름 부은 것은 끝이 아니라 시작이었습니다. 바로 그때부터 다윗이 새로운 왕이 될 수 있도록 그로 사울을 대신하게 하는 하나님의 일하심이 시작되었습니다. 많은 일이 일어났습니다. 사울 편에서의 저항이 있었고, 다윗 편에서의 오랜 시간의 인내가 있었습니다. 하지만 결국에는 하나님이 이루어지리라고 말씀하신 그대로 성취되었습니다.

이것은 우리에게도 똑같이 일어납니다. 우리 자신의 필사적인 노력의 마침으로 예수님을 발견한 것이 우리에게 마침표처럼 보일지는 모르지만, 그것은 우리 이야기의 끝이 아니고 시작입니다. 그러므로 제가 예수님 앞에 '깨질' 때마다 예수님이 계속적으로 저를 대신하여 왕이 되는 과정이 시작될 수 있습니다. 죄에 대한 많은 깨달음이 있게 될 것입니다. 나 자신이 버림받은 왕이고, 예수님이 충분한 기름 부음을 받은 왕이시라는 것을 받아들인다면, 매 순간 예수님께 "예"라고 말할 수 있도록 새롭게 자원하는 마음이 일어날 것이고, 매 순간 예수님이 저를 대신하여 왕이 되실 것입니다.

그 이후 하나님의 신이 다윗에게 임합니다. 반면에 동일한 신이 사울에게서는 떠나갔고 사울은 이전보다 나아지기는커녕 점점 더 나빠졌습니다. 그러나 우리도 예수님과의 이러한 변화 가운데 들어간 이후에 전혀 나아지지 않고 그 반대로 더 악화되는 것을 느낄 때가 있습니다. 날이 가면 갈수록 우리에게는 회개할 것이 줄어들기보다는 점점 더 늘어나는 것 같습니다. 사실 실제로 우리가 더 나빠지는 것은 아닙니다. 사울은 원래의 모습인 나쁜 상태 그대로였습니다.

빛이 단순히 이전보다 더 밝게 비치게 되어서, 우리는 더 죄에 민감하게 되고 더 순종하게 된 것입니다. 빛에 대하여 순종하는 것에 대한 보상은 빛이 우리에게 더 많이 비춰고, 우리 안에 있는 죄를 더 많이 보게 됩니다. 그 과정에서 여러분은 사울로 인해 슬퍼하는 자리로 돌아가지 않도록 주의해야 합니다. 대신에 우리의 드러난 죄를 완전히 깨끗하게 씻어주시는 예수님의 보혈을 찬양하십시오.

아주 작은 태만의 죄도 고통을 주네.
나의 가르침을 잘 받은 영혼에
나를 그 보혈로 다시 데려다 주오.
그것은 상처받은 자를 온전하게 만들 것이라네.

찰스 웨슬리(Charles Wesley)가 아니라면 누가 이런 시를 쓸 수 있겠습니까?

3장

기름 부음 받은 왕과 골리앗

다윗이 이같이 물매와 돌로 블레셋 사람을 이기고
(삼상 17:50).

우리의 이야기는 이제 조금도 과장되지 않으면서도 아주 흥미진진해지고 있습니다. 간단하게 정리하면 한 나라에 두 왕이 있습니다. 한 왕은 사울입니다. 그는 버림받은 왕으로 그 사실을 받아들이기를 원치 않고 여전히 왕권을 수행하려고 안간힘을 쏟고 있습니다. 다른 한편에는 다윗이 있습니다. 그는 기름 부음 받은 왕이지만 아직 백성에게나 사울에게 그다지 알려지지 않은 상태에 있습니다. 다윗은 그의 형제들 가운데에서 조용하고 비밀스럽게 기름 부음을 받은 후에 아버지의 양떼들을 치기 위해 목동으로 다시 돌아가는 것에 만족했고, 세상에 알려지지 않은 채로 지냈습니다.

깊은 우울증세로 시달리는 사울을 평온케 하기 위해 다윗은 사울 앞에서 하프를 연주하기 위해 부름을 받은 적도 있었습니다. 사울은 다윗을 좋아했고 다윗을 그의 병기 든 자로 삼았습니다. 그러나 그것이 영구적인 위치로 세움을 받은 것은 아니었습니다. 다윗은 계속해서 아버지의 양떼를 돌보았고, 궁중에서의 일과 아버지의 양떼를 돌보는 일을 하기 위해서 왕래했던 것 같습니다. 나중에 다윗이 골리앗을 대항하여 싸우러 나갔을 때, 사울은 다윗을 누구인지 알아보지 못하고 아브넬에게 "이가 누구의 아들이냐?"고 물었습니다. 아브넬조차도 다윗이 누구인지 몰랐습니다. 하나님이 다윗에게 새롭게 주신 이 신분은 전혀 알려지지 않았고, 다윗 자신도 그것을 위해 아무것도 하지 않았습니다.

다윗을 위한 하나님의 시간이 다가왔을 때, 하나님의 기름 부음 받은 왕인 이 젊은이의 첫 번째 행적은 사울이 무력해서 전혀 감당하지 못했던 그 일, 즉 이스라엘을 블레셋의 속박에서 구원하는 일을 맡는 것이었습니다. 골리앗의 도전을 막는 데 무능력한 사울의 실패를 이보다 더 뚜렷하게 보여주는 곳은 없습니다. 그리고 단지 물매와 돌로 골리앗을 쓰러뜨린 다윗의 뛰어남을 이보다 더 분명하게 보여주는 곳은 없습니다.

둘째 사람이 첫 사람의 실패를 위하여 일하는 위대한 승리가 여기서 그림처럼 묘사되었습니다. 죄와 사탄의 도전 앞에 어떤 해답도 찾을 수 없는 첫 사람의 무능력에서 그의 실패를 이보다 더 선명하게 보여주는 곳은 없습니다. 현재 인간은 기술적인 영역에서 많은 진보를 이룬 것같이 보입니다. 그러나 도덕적인 영역이나 도덕적인 기준에 이르지 못한 것과 관련하여 사탄이 송사할 때, 인간은 그 전에도 그랬던 것처럼 여전히 아무것도 할 수 없는 파산선고를 받은 존재와 같습니다. 여기에 인간의 모든 불행의 원인이 있기 때문에 이것은 참으로 실패입니다. 그러나 예수 그리스도는 이 영역에서 뛰어난 분입니다. 오직 예수님만이 인간이 이길 수 없는 강한 적을 물리치시고 영광스럽게 승리하셨습니다. 예수님은 인간의 삶에서 그 승리를 어떻게 시행하는지를 알고 계십니다.

1. 나에게 한 사람을 달라

무엇보다 먼저 골리앗을 관찰해 보십시다. 키가 열한 자 반이나 되는 골리앗은 그에게 어울리는 아주 거대하고 날카로운 창을 갖고 있으며, 온몸이 갑옷으로 무장되어 있었기 때문에 이스라엘 백성의 눈에 그는 두려운 존재임이 틀림없었습니다. 골리앗처럼 큰 키와 힘을 소유한 사람만이 그러한 갑옷과 무기를 소지할 수 있었을 것이고, 물론 효과적으로 사용할 수도 있었을 것입니다. 골리앗은 틀림없이 그 두 가지를 모두 할 수 있었습니다!

특히 이스라엘 백성을 두렵게 한 것은 골리앗이 내건 도전 방식이었습니다. 고대의 전쟁은 때때로 두 군대가 맞서서 싸워 승부를 결정하는 대신에 두 나라 군대의 대표 장수가 한 명씩 나와 한 번의 대결을 통하여 승부를 결정하기도 하였습니다. 그래서 전투 중 패배한 장수의 나라가 이긴 장수의 나라의 종이 되는 것으로 동의하고 전투를 하기도 했습니다. 이것이 지금 골리앗이 제안하는 전투방식이었습니다.

> 그가 서서 이스라엘 군대를 향하여 외쳐 이르되 너희가 어찌하여 나와서 전열을 벌였느냐 나는 블레셋 사람이 아니며 너희는 사울의 신복이 아니냐! 너희는 한 사람을 택하여 내게로 내려보내라 그가 나와 싸워서 나를 죽이면 우리가 너희의 종이 되겠고 만일 내가 이겨 그를 죽이

면 너희가 우리의 종이 되어 우리를 섬길 것이니라(삼상 17:8-9).

이스라엘은 누구를 선택할 수 있었겠습니까? 골리앗의 도전에 맞설 수 있는 사람은 당연히 다른 이스라엘 사람들보다 훨씬 키가 큰 사울이었습니다. 그러나 사울은 그 자신이 이미 버림받은 왕이라는 것을 알고 있었습니다. 하나님이 이미 그를 떠났기 때문에 그는 감히 나서지 못했습니다. 그 누구도 감히 선뜻 나서지 못했습니다. 그래서 이스라엘은 골리앗의 도전에 아무런 대답도 하지 못한 채 속수무책으로 있었습니다. "나에게 한 사람을 달라. 우리가 함께 싸우자"라는 골리앗의 말이 이스라엘 군대가 물러가 있는 반대편 엘라 골짜기를 따라 메아리쳐 울렸습니다. 그의 말은 아침과 저녁으로 매일 울려 퍼졌고 40일 동안 계속 되었습니다. 그의 말은 "나에게 한 사람을 달라, 나에게 한 사람을 달라!"는 반복되는 똑같은 말이었습니다. 그러나 골리앗을 대항하여 싸울 장수가 없었기 때문에 이스라엘은 블레셋에 예속될 처지에 이르렀습니다. 이 얼마나 안타까운 상황입니까! 바로 이 절박한 때에 어린 다윗이 등장합니다. 다윗은 사울의 군대를 섬기고 있던 형들을 보기 위해서 그때에 그곳에 오게 되었던 것입니다.

2. 사탄의 지배

이것이 사탄의 능력 아래에 있는 인간의 모습입니다. 장수가 없는 관계로 골리앗에 의해 지배받게 된 이스라엘과 같이, 인간이 사탄의 지배 아래 놓이게 되었습니다. 이것이 신약성경이 인간이 처한 상황에 대하여 묘사하는 모습입니다. 성경은 "온 세상은 악한 자 안에 처한 것이며"(요일 5:19)라고 기록하고 있습니다. 또 다른 곳에서 바울은 자신의 사명을 정의하면서 복음은 사람들을 "사탄의 권세에서 하나님께로 돌아오게"(행 26:18) 하는 것이라고 하였습니다. 예수님은 사탄을 "이 세상의 임금"(요 12:31)이라고 불렀고, 바울은 사탄을 "이 세상 신"(고후 4:4)이라고 말했습니다.

이제 무엇이 마귀에게 인간들을 지배하는 권세를 주었는지 그리고 준 것이 무엇인지와 그 지배에 어떤 영역이 포함되는지 설명하겠습니다. 마귀에게 인간들을 지배할 수 있도록 힘을 준 것은 죄입니다. 죄의 삯이 사망인 것은 이 우주의 법칙입니다. 물론 이것은 성경이 말하는 바입니다(롬 6:23). 그러나 성경은 단지 이 모든 피조 세계에 세워진 원리를 표현하고 있습니다. 모든 인간의 삶 가운데 세워진 도덕법을 깨뜨리는 것은 우리가 좋아하든 좋아하지 않든 간에 항상 죽음의 형태로 결말이 납니다. 그래서 이 칙령은 우주의 법 아래에서와 하나님의 법 아래에서 모두 내포하고 있고, 특별히 하나님의 법 아래에서 구체적으로 선포되었습니다.

모든 인간이 사탄의 권세 아래 놓이게 된 것은 인간이 모두 죄를 범했다는 사실 때문입니다. 이 땅의 법을 어겨서 사형집행을 기다리고 있는 자들을 수용하는 감옥의 간수로 사탄을 간주하는 것은 그렇게 기분 좋은 생각이 아닐 것입니다. 사탄은 하나님의 법이 정죄한 자들을 붙잡고, 인간들이 육체적인 죽음과 그 뒤에 따라오는 "두 번째 죽음", 곧 하나님으로부터의 영원한 분리를 맞이하기 전인 지금 이 땅에서도 어느 정도 죄로 인하여 죽음을 맞이하게 된다는 사실을 보고 있습니다. 그것은 하나님 자신의 법에 근거를 두고 있기 때문에 하나님조차도 이 권리에 도전할 수 없습니다. 하나님이 마귀를 언급할 때, "죽음의 세력을 잡은 자 곧 마귀"(히 2:14)라고 한 것을 보면 하나님도 그것을 인정하셨습니다.

실제적으로 우리에 대한 사탄의 세력은 송사의 단계에서 활동하고 있습니다. 사탄은 인간의 약점을 지적하고 "어떻게 네가 네 스스로를 그리스도인이라고 부를 수 있니? 너는 그렇게 착하지 않잖아?"라며 힐문합니다. 그리고 사람은 그만하면 괜찮다거나 자신이 아주 가치 있는 존재라는 것을 전혀 느끼지 못한 채, 떳떳치 못한 마음을 가지고 방황하게 됩니다. 어떤 영적인 훈련이나 그리스도인의 활동을 하게 될 때면, 졸개 귀신이 그의 어깨에 앉아 귀에 대고 "위선자, 위선자야!"라고 속삭입니다. 그런 말을 듣게 되는 사람은 움찔하게 되고 손의 움직임이 머뭇거리게 됩니다. 그리고 이번에는 그를 더욱더 죄를 짓도록 이끕니다. 그는 하나님으로부터 아주 단절된 것처럼 느끼게 되고, 조금 더 죄를 짓는다고 해도 그렇게 달라질 것이 없을 것이라고 여기게 됩니다. 더욱더 죄를 탐닉하게 되고, 그리하여 더욱더 정죄 받는 상태에 결국 이르게 됩니다.

이것이 마귀가 인간으로 하여금 죄를 짓게 하는 근본적인 이유입니다. 마귀는 그저 인간으로 하여금 비도덕적인 것을 행하게 하려는 것이 아니라, 인간을 송사할 수 있는 어떤 근거를 자신에게 주기 위하여 그로 죄짓게 합니다. 그리고 인간이 죄를 짓고 나면 마귀는 공갈범처럼 인간을 향하여 지배력을 갖게 됩니다.

때때로 이것은 인간으로 하여금 더 많은 죄를 짓게 할 뿐만 아니라 동시에 주님으로부터도 돌아서게 만듭니다. 그의 귓가에서 말하는 "위선자야"라는 말을 자주 듣게 되다 보니 더 이상 그런 말을 듣지 않을 것이라고 결심하고 그리스도인이 되기 위해 했었던 모든 신앙고백을 포기합니다. 만약 포기한다면, 더 이상 위선자라는 송사는 받지 않을 것이기 때문입니다. 이것이 겉으로 보기에는 설명할 수 없는 믿음에서 떠나는 배도의 배후에서 일어나는 사건들에 대한 이론적인 설명이 될 수 있습니다.

그래서 죄를 범한 후에 일어나는 모든 결과는 우리를 향한 사탄의 기본적인 지배력에 근거를 두고 있는데, 이 지배력은 우리를 송사하는 힘이고 이 송사에 대하여 우리는 어떠한 해답도 갖고 있지 않습니다. 그러나 사탄은 항상 우리에게 무언가를 찾아보라고 도전합니다. 예를 들어, 사탄이 송사할 수 없도록 우리 자신이 사탄 앞에 자신 있게 설 수 있는 더 나은 사람들이 되도록 노력하는 것과 같은 것입니다. 그리고 우리는 실제로 그렇게 하려고 노력합니다. 하나님께 우리 자신의 전 삶의 헌신을 서약하기도 하고, 아주 높은 표준을 정해놓기도 하고, 많은 약속을 하기도 하지만 결국 또다시 실패합니다. 우리가 받아들인 기준과 우리가 한 약속들은 단지 사탄에게 더욱더 우리를 송사할 기회를 제공하게 되고, 그로 인해 우리는 더욱더 사탄의 지배 아래로 떨어지게 됩니다.

우리는 죄를 짓는 데에는 무제한의 능력을 갖고 있습니다. 그리고 일단 죄를 짓고 나면 그 죄를 속죄하거나 죄가 아주 빈번하게 가져오는 복잡한 문제로부터 스스로를 구해낼 능력이 우리에게 전혀 없습니다. 우리는 죄 지은 죄인일 뿐 아니라 반항하는 죄인들이고 특히 무력한 죄인들입니다. 바울이 말한 대로 "연약한"(롬 5:6)죄인들입니다. 우리 스스로가 이런 상황에 처하게 만들었습니다. 그러나 이러한 상황에서 벗어나기 위해서 우리가 할 수 있는 것은 아무것도 없습니다. "나에게 한 사람을 달라"고 골리앗이 이스라엘에게 말했습니다. "나에게 한 사람을 달라. 네가 내 앞에 설 수 있는 그 사람이 되라"고 사탄은 우리에게 말합니다. 우리가 그 사람이 아니라는 것을 알고 있습니다. 그리고 사탄과 맞서 싸울 장수가 없기 때문에, 우리는 이러한 노예의 상태에 영원히 처해야 할 것같이 보입니다.

골리앗에 대한 여러분의 경험을 제가 경험한 것과 똑같이 표현할 필요는 없습니다. 아마도 여러분의 절망, 불행, 부적합함, 우울함, 마음에 평화를 잃음, 다른 사람과의 어려운 관계 등에 대하여 말할 수 있을 것입니다. 그러나 이러한 것들이 모든 문제의 배후이며 그것을 설명하는 진리들이라는 것을 확신할 수 있을 것입니다.

3. 하나님의 장수

이것은 이스라엘의 곤경이었고 또한 우리의 곤경입니다.

그리고 이 곤경이 하나님의 마음을 움직였습니다. 사울이 왕으로 임명된 것은 "내 백성의 부르짖음이 내게 상달하였으므로 내가 그들을 돌보았노라"(삼상 9:16)는 말씀에서 알 수 있듯이, 게다가 첫 왕이 실패했기 때문에 그 부르짖음은 여전히 하나님께 상달되었다고 확신할 수 있습니다. 하나님이 바로 이날을 위하여 준비해 놓으신 하나님의 장수가 있었는데, 그는 바로 소년 목동 다윗이었습니다. 골리앗은 다윗을 아주 가소롭게 여겼지만 하나님이 그와 함께 하셨고, 그것만으로도 승리하기에 충분했습니다. 다윗은 그 자신을 위해서만 아니라 이스라엘을 위하여 참으로 영광스러운 승리를 성취했습니다! 다윗은 그날에 문자 그대로 사울과 그의 백성을 위하여 구세주가 되었습니다.

이것은 예수님께도 동일하게 해당됩니다. 오랜 세월동안 사탄은 "나에게 한 사람을 달라"는 그의 말에 대답할 자가 아무도 없다고 생각했습니다. 그러나 하나님은 그분의 장수를 따로 준비해 두셨습니다. 죄가 인간을 사탄의 지배 아래 놓이도록 하기 전에 하나님이 이미 그분의 장수를 준비하셨습니다. 그래서 인간이 최초의 범죄를 범한 즉시, 하나님은 사탄의 머리를 밟을 여자의 후손으로서 그분에 대하여 말씀하셨습니다. 정한 때가 이르렀을 때에 인간의 절망과 불행 한가운데에 그분이 오셨습니다.

> 오, 우리 하나님의 사랑 넘치신 지혜여!
> 모든 인간이 범죄하고 부끄러움에 처했을 때에
> 둘째 아담이 전투에 나서서
> 인간을 구원하기 위해 오셨네.

4. 그는 혼자 갔다

여기에서 다윗이 펼친 숨막히는 용감한 이야기를 자세하게 다시 반복하지는 않겠습니다. 그보다는 다윗이 그리스도의 예표라는 주제를 다루려고 합니다.

먼저 다윗이 혼자 갔다는 것을 주목하십시오. 누구도 갈 수 없었기 때문에 그가 갔습니다. 이미 전투에 나갔어야 했지만 감히 그렇게 할 용기가 없어서 나가지 못했던 강한 사람들이 홀로 나아가는 다윗의 모습을 부끄러움과 놀라움으로 바라보았습니다.

예수님도 그러셨습니다. 우리는 우리 자신을 구원할 아무런 능력이 없습니다. 예수님이 우리를 구원하시기 위하여 그 모든 것을 혼자서 감당하셔야 했습니다. 누구도 예수님의 슬픔을 나눌 수 없었고 다른 이들의 연민조차도 나눌 수 없었습니다. 예수님이 겟세마네 동산에서 그의 제자들에게 "네가 한 시간도 나와 함께 깨어 있을 수 없더냐?"고 말씀하셨습니다. 어떠한 경우에서도, 그 어떠한 사람도 이 과업을 예수님과 함께 나눌 수는 없었습니다. 이루어져야 했던 일은 오직 하나님의 아들에게만 가능한 일이었기 때문입니다.

5. 그는 연약한 가운데 나갔다

다윗은 연약한 가운데 나갔습니다. 그는 의도적으로 사울이 제공한 갑옷을 팽개치고 물매와 다섯 개의 돌과 만군의 하나님을 의지하는 믿음만 가지고 나갔습니다. 그것은 보통 전쟁에 나가는 병사들이 소지하기에 적합한 것이 아닙니다.

바로 그것이 인자가 약함으로 우리의 강력한 원수를 대항하여 나아간 방법입니다. 예수님은 원수와 싸울 때에 그 방법을 택하셨습니다. 예수님은 이 땅위에서의 모든 도움을 거절하셨습니다. 예수님이 베드로에게 "검을 칼집에 꽂으라 아버지께서 주신 잔을 내가 마시지 아니하겠느냐"(요 18:11)라고 말씀하셨습니다. 예수님은 또한 하늘에서의 어떤 도움도 거절하셨습니다. "너는 내가 내 아버지께 구하여 지금 열두 군단 더 되는 천사를 보내시게 할 수 없는 줄로 아느냐?"(마 26:53) 또 다른 곳에서는 "이제는 너희 때요 어두움의 권세로다 하시더라"(눅 22:53)고 말씀하셨습니다.

예수님은 마귀가 하기로 작정한 것을 하도록 그냥 내버려 두셨습니다. 잘 알려진 구절인 "나를 사랑하사 나를 위하여 자기 자신을 버리신"(갈 2:20)이라는 구절을 헬라어로 해석하면 "나를 위하여 그 자신을 포기하셨다"는 말입니다. 그것이 바로 예수님이 하신 것입니다. 사탄의 심부름꾼들이 예수님을 잡기 위해 왔을 때 예수님은 그들에게 그분 자신을 내어주셨습니다. 그분의 전략은 무력으로 무력에 맞서 싸우는 것이 아니라 약함으로 대항하는 것이었습니다. "하나님의 약하심이 사람보다 강함"을 알기에(고전 1:25) 그것이 진실로 그러하다는 것을 증명하셨습니다.

6. 엘라 골짜기로

아무런 무장 없이 다윗이 혼자 간 곳은 어디였습니까? 명백하게 전세를 잡고 있던 골리앗으로 인해 어느 누구도 감히 나가서 싸울 생각을 못하는 두 군대의 진영 사이에 위치하고 있는 엘라 골짜기로 다윗은 내려갔습니다. 이스라엘의 여인들은 손으로 입을 막고 이 왜소한 젊은이가 걸어가는 것을 보았고, 그것은 마치 "죽음의 입구, 지옥의 입구 속으로" 들어가는 것과 같이 보였기 때문에 울며 슬퍼하였습니다. 다윗은 골리앗이 능히 이길 수 있는 위치로 자신을 던졌고 모든 이스라엘의 희망은 사라지는 것 같았습니다. 그날은 너무도 위태로운 날이었습니다!

그와 같이 예수님도 아무런 무장 없이 혼자 가셨습니다. 예수님은 사탄이 실권을 잡고 있는 영역, 사탄이 죄인들에게 법적인 권리를 행사하고 있는 죽음의 영역 속으로 들어가셨습니다. 예수님께 모든 인류의 희망이 달려있었습니다. 마귀의 힘의 근거가 되는 것을 없앤다면, 예수님은 인간을 지배하고 있는 마귀를 그저 무력한 존재로 만드실 수 있습니다. 그것을 이루기 위해서 예수님은 우리의 인성뿐 아니라 우리의 죄까지도 그 자신과 동일시하셔야 했습니다.

옛날 찬송가가 말해 주는 것처럼, "예수님은 나의 죄들과 나의 슬픔을 가져가셔서 그분 자신의 것으로 만드셨습니다." 그때부터 나를 옭아맸던 마귀의 손이 예수님께로 향하게 되었고, 마귀가 우리에게 행사하던 권세를 이제는 예수님께 행사할 수밖에 없는 것입니다. 만약 마귀가 예수님을 이길 수 있었다면, 온 인류는 마귀에게 속하였을 것이고 우리 모두에게는 아무런 희망도 없었을 것입니다. 예수님은 우리의 유일한 장수가 되셔서 인간의 죄로 인한 책임을 받아들이셨습니다. 죽음의 세력을 갖고 있는 마귀가 예수님을 향해 그 죽음의 권리를 행사하는 바로 그 장소에 그분 자신을 놓으셨습니다.

7. 그는 확신 가운데 나아갔다

다윗은 엘라 골짜기로 내려가면서 자신이 하고 있는 것에 두려움을 느낄 수 있었음에도 이스라엘의 하나님에 대하여 전적으로 확신하면서 완전한 신뢰 가운데 내려갔습니다. 여기에서 사울과 다윗 사이에 참으로 큰 차이점을 볼 수 있습니다! "골리앗은 쓰러뜨리기에 너무나 큰 존재다." 이것이 사울의 태도였습니다. "골리앗은 놓치기에는 너무나 큰 존재다." 이것이 다윗의 태도였습니다. 다윗에 반하여 인간들은 승리의 가능성을 의심하기도 하였지만, 그 골짜기에서 다윗이 골리앗에게 했던 말 속에서 보여 주었던 아주 담대한 믿음의 확신과 승리에 대한 큰 자신감은 결코 어디에서도 찾아볼 수 없는 것이었습니다.

> 너는 칼과 창과 단창으로 내게 나아 오거니와 나는 만군의 여호와의 이름 곧 네가 모욕하는 이스라엘 군대의 하나님의 이름으로 네게 나아 가노라 오늘 여호와께서 너를 내 손에 넘기시리니 내가 너를 쳐서 네 목을 베고 블레셋 군대의 시체를 오늘 공중의 새와 땅의 들짐승에게 주어 온 땅으로 이스라엘에 하나님이 계신 줄 알게 하겠고 (삼상 17:45-46).

이 얼마나 비범한 선포입니까!

그러나 마귀와의 투쟁의 때가 다가왔을 때에 예수님이 보여주신 태도보다 더 비범한 것은 없습니다. 사탄이 지배하는 그 어둠의 골짜기에 들어가셨을 때, 예수님은 이렇게 말씀하셨습니다.

> 이제 이 세상에 대한 심판이 이르렀으니, 이 세상의 임금이 쫓겨나리라 내가 땅에서 들리면 모든 사람을 네게로 이끌겠노라(요 12:31-32).

예수님은 그분의 원수를 대항하여 완전한 승리를 확신하셨습니다. 그러나 그 전투는 계속 진행되어야 했고 다윗이 싸운 것과는 다른 원리로 승리를 거두었습니다.

예수님은 "나는 칼이나, 창, 방패 없이 너에게 나아간다"라고 말씀하실 뿐만 아니라 실제로 "나는 물매와 돌을 가지고 너에게 나아가지 않는다. 죄로 인하여 모든 인생들 위에 네가 가하기를 원하는 그 죽음의 형벌을 네가 나에게 가하도록 허용할 것이다"라고 말씀하셨습니다. 사탄은 그렇게 행했고, 3일 동안 사탄은 그가 승리했다고 생각했습니다. 그러나 단지 3일 동안이었습니다. 3일 만에 하나님이 예수님을 죽음에서 일으키셨습니다. 그 죽음을 통해 예수님은 인간의 죄로 인한 심판을 전적으로 받으셨고 사탄에게 사로잡혔던 자들을 자유하게 하시는 속량의 값을 지불하셨습니다.

> 예수님이 그 빚을 갚지 않으셨더라면
> 인생은 결코 자유를 맛보지 못했을 것이네.

패배할 것 같이 보였던 전투가 승리로 끝이 났습니다.

워털루(Waterloo) 전투의 소식이 여러 과정을 거쳐 영국으로 전달되었을 때 일어났던 이야기입니다. 그 소식은 회광 통신기를 통해 전해졌는데, 회광 통신기는 햇빛의 광선을 이용하여 먼 거리를 비추어 모르스식 암호로 메시지를 전달하는 기계였습니다. "웰링톤… 패배…" 그리고 안개가 깔려서 그 다음 문장을 송신하는 데에 방해를 받았습니다. 그리고 온 영국에 "웰링톤이 패배했다"는 메세지가 전해졌습니다. 어두움이 영국 온 전역을 덮었습니다. 그들은 전체 메시지의 일부분만을 전달 받은 것이었는데 사람들은 이것이 전부라고 생각했기 때문입니다. 재앙이 온 나라에 덮친 것 같았습니다. 한 두 시간 이내에 안개가 걷혔고 송신된 전체 문장이 전해졌습니다. 전해진 전체 문장은 "웰링톤이 워털루에서 나폴레옹을 패배시켰다"는 것이었습니다. 이것은 여러분과 저에게도 실제로 일어난 일로 갈보리에서 승리로 판명난 전투였습니다.

8. 골리앗은 자신의 칼에 죽었다

사탄이 자신의 쿠데타라고 생각한 바로 그 죽음을 통해 예수님은 사탄을 무찌르셨습니다. 다윗의 손에는 칼이 없었기 때문에 골리앗의 칼로 그의 머리를 친 것과 같이 예수님도 "죽음을 통하여 죽음의 세력을 잡은 자 곧 마귀"(히 2:14)를 멸하셨습니다.

> 연약함과 패배로
> 그분은 초원과 면류관을 받으셨네.
> 그분은 모든 그의 원수를 그의 발아래 밟으셨네.
> 그가 밟힘으로서
> 그는 지옥 안에 들어감으로서 지옥을 패배시키셨네.
> 죄를 입음으로, 그는 죄를 던지셨네.
> 무덤에 내려감으로 그것을 파멸 시키셨네.
> 죽임당함으로서 죽음을 멸하셨네.

명백한 약함의 길, 이 길로 승리를 얻었습니다.

> 죄와 죽음과 비통을 이긴 그 위대한 승리
> 그것은 또 다른 두 번의 전투가 필요 없다네.
> 또 다른 두 번째 원수가 남아 있지 않다네.

또한 다윗의 승리는 그날에 모든 이스라엘의 승리였습니다.

> 블레셋 사람들이 자기 용사의 죽음을 보고 도망하는지라 이스라엘과 유다 사람들이 일어나서 소리 지르며 블레셋 사람들을 쫓아 가이와 에그론 성문까지 이르렀고…이스라엘 자손이 블레셋 사람들을 쫓다가 돌아와서 그들의 진영을 노략하였고…(삼상 17:51-53).

그들은 골리앗을 이긴 다윗의 승리와 블레셋에 대한 승리를 마음껏 누렸습니다.

이것은 주 예수님이 우리를 위하여 행하신 것에도 똑같이 해당됩니다. 제가 위에서 인용한 신약성경의 구절은 그 말씀으로 끝나지 않습니다.

> …죽음을 통하여 죽음의 세력을 잡은 자 곧 마귀를 멸하시며 또 **죽기를 무서워하므로 한평생 매여 종 노릇 하는 모든 자들을 놓아 주려 하심이니**(히 2:15).

이렇게 계속하여 말하고 있습니다. 십자가 위에서 예수님이 이루신 그 과업 때문에 저는 사탄에 의하여 정죄 받아 방황하거나 좌절을 느낄 필요가 없습니다. "희망이 없어. 차라리 이런저런 죄나 또 다른 죄를 탐닉해 보는 것이 더 나을 거야. 나는 결코 자유하게 될 수 없을 거야. 사탄은 나보다 더 강해." 이런 사탄의 속삭이는 말들을 한 순간도 들을 필요가 없습니다. 그것은 모두 거짓말입니다. 우리는 예수님이 자유하신 것처럼 죄책감에서 자유하게 될 수 있습니다.

예수님이 이기신 원수는 저의 원수였습니다. "무덤에서 예수님이 그분의 원수들을 무찌르고 힘찬 승리를 가지고 다시 살아나셨네!"라는 찬양을 부를 때 기억하십시오. 그분의 원수는 여러분의 원수입니다. 예수님은 여러분의 보증으로서 그들과 싸우셨습니다. 지금 예수님이 원수에게서 자유하시다면 여러분도 자유하게 된 것입니다. 예수님이 그분의 피로 자유하게 된 것같이, 여러분도 그분의 피로 자유하게 될 수 있습니다. 히브리서 13:20은 우리 주 예수님이 "영원한 언약의 피로 죽은 자 가운데서 이끌어 내심"을 입었다고 말하고 있습니다. 갈보리에서 뿌려진 그 피가 죽은 이로부터 보증을 가져오기에 충분한 것이었다면, 그것은 예수님이 보증으로 서시는 모든 자를 위하여 보증이 되기에 충분한 것입니다. 이것이 찰스 웨슬리가 아래의 글을 통해 표현한, 그가 가졌던 십자가의 승리의 의미에 대한 놀라운 비전입니다.

> 죄와 죽음의 다스림은 이제 끝났네.
> 모든 인생들이 죄에서 자유하게 되어 살게 되었네.
> 사탄은 그의 유한한 세력을 잃어 버렸네.
> 그것은 승리 속에 삼켜졌네.

9. 다윗의 장막에 있는 골리앗의 갑주

이 구절을 주목해 보십시오.

> 다윗은 그 블레셋 사람의 머리를 예루살렘으로 가져가고 **갑주는 자기 장막에 두니라**(삼상 17:54).

저는 이 구절을 읽을 때 이스라엘 백성을 두렵게 만들었던 그 무시무시한 갑옷을 다윗의 장막에 승리의 전리품으로 걸어 놓았다고 생각하기를 좋아합니다.

오랫동안 우리에게 고통을 주고 두렵게 했던 사탄의 갑옷과 무기에 대하여 뭐라고 말할 수 있겠습니까? 그것들은 단지 예수님의 장막에 있는 승리의 전리품들입니다. 그것들은 여러분에게 과거의 것들이 될 수 있습니다.

> 통치자들과 권세들을 무력화하여 드러내어 구경거리로 삼으시고 십자가로 그들을 이기셨느니라(골 2:15).

정사와 권세는 예수님을 십자가에 매달았던 사탄의 세력들이었습니다. 그런데 지금 예수님이 그것들을 벗어 던지셨고 그 무기들이 해를 끼치지 못하게 만드셨습니다. 그리스도 안에서 사탄은 무장해제된 적입니다. 우리는 우리를 송사하는 죄의 권세에 대하여 죽었고, 우리를 정죄하는 율법의 권세에 대하여 죽었고, 그것 모두를 훔치려고 하는 사탄의 능력에 대하여 죽었습니다. 율법은 우리에게 사형을 선고했습니다. 그리스도 안에서 그 사형선고가 실행되었기에, 우리는 더 이상 송사받지 않게 되었습니다. 우리에게 언제든지 예수님께로 나아가서 죄를 자백하고 죄에서 자유하게 하시는 예수님의 보혈의 강력한 능력을 믿음이 주어졌기에, 더 이상 자신을 정죄할 필요가 없습니다.

> 나를 위해서 주 예수님이 죽으셨네.
> 나도 예수님 안에서 죽었네.
> 예수님이 살아 나셨네.
> 나의 굴레가 모두 풀어졌네.
> 이제 예수님이 내 안에서 사시네.
> 깨끗케 하실 때 희게 하시고 나타내시네.
> 예수님의 영광을 그때 나를 위해서!

아직은 알려지지 않았지만 젊은 기름 부음 받은 왕이 버림받은 왕인 사울을 위해서 이 모든 일을 했습니다. 사울은 여전히 깨어지지 않은 채, 그에게 내려진 하나님의 판결을 받아들이지 않으면서 똑같은 상황 가운데 있습니다. 그러나 다윗이 행한 것은 다른 이들을 위한 것과 마찬가지로 사울을 위한 것이었으며 그로 인해 사울은 유익을 얻었습니다. 사울은 이를 보았고 기뻐했습니다(삼상 19:5). 골리앗의 위협에서 벗어난 것을 너무나 좋아했습니다. 사울은 다윗에게 적어도 한동안은 매우 감사했을 것입니다. 그러나 그의 교만한 자아때문에 생길 진짜 갈등은 아직 시작되지 않았습니다. 이것 또한 우리에게 일어난 것과 아주 흡사합니다. 우리는 구원받은 경험으로 인해서는 아주 기뻐합니다. 그러나 구원의 참된 목적은 우리의 교만한 자아를 다루시는 하나님의 깊은 보살핌으로 우리를 이끄는 것입니다.

4장
버림받은 왕의 질투

사울이 그 말에 불쾌하여 심히 노하여 이르되
다윗에게는 만만을 돌리고
내게는 천천만 돌리니
그가 더 얻을 것이 나라말고 무엇이냐 하고
그 날 후로 사울이 다윗을 주목하였더라
(삼상 18:8-9).

지금까지 사울에 대하여 두 가지 주요한 것을 살펴보았습니다. 첫째, 사울은 이스라엘을 더이상 다스리지 못하도록 하나님이 버리신 왕이었습니다. 둘째, 사울은 그 판결을 받아들이지 않으려고 했고, 하나님이 그에게 부적합하다고 선언하신 직무 또한 헛되이 수행했습니다. 사울이 왕이 되지 못하도록 버림받은 것도 심각한 것이지만, 그가 그 판결을 고개 숙여 받아들이지 않고 정당함을 인정하지 않은 것이 더 심각한 것이었습니다. 사울은 하나님의 판결을 받아들였어야 했고, 자신은 참으로 이스라엘을 다스리기에는 부적합한 자이고, 자신을 대신하도록 선택받은 그 사람에게 모든 것을 이양할 준비가 되어있다고 고백해야 했습니다. 만약 사울이 그렇게 했더라면 제가 확신하기는 하나님이 겸손하게 징계받는 그 사람에게 자비를 베푸셨을 것이고 그 왕국에서 사울을 위해서 한 자리를 내어주셨을 것입니다.

그러나 사울은 그러한 단계를 밟는 것을 생각지도 못했을 것입니다. 하나님의 뜻을 받아들이기를 거부한 그의 결정은 한 가지 악에서 또 다른 악한 행동으로 이끌었습니다. 결국 그의 생애는 참혹한 비극으로 끝을 맺었고 그 자신과 그의 아들들이 전쟁에서 목숨을 잃었습니다. 그리고 사울의 머리 없는 시체는 블레셋의 한 도시의 벽에 걸리게 되는 최후를 맞이하게 되었습니다. 이 모두는 사울이 깨어지려 하지 않았기 때문에 발생한 일이었습니다. 그 말은 사울이 회개하지 않았고 자신에게 가해진 버림받은 왕이라는 하나님의 판결을 받아들이지 않았다는 것입니다.

버림받은 왕이라는 하나님의 판결을 받아들이지 않으려는 것에 대한 가장 심각한 결과 중의 하나는 사울이 다윗에 대하여 잔인할 정도의 질투심에 사로잡히게 된 것이었습니다. 사실 사울은 이스라엘의 구원자인 다윗에게 큰 빚을 졌지만 그의 앞에서 다윗이 이스라엘 사람들의 칭송을 더 받는 것을 발견하고 다윗을 질투하게 되었습니다. 다윗을 향하여 점점 더 커지는 사울의 질투심은 결국엔 거의 병적인 상태에 이르게 되었고, 그 이야기는 사무엘상 18장에서 시작하여 사무엘상 31장까지 아주 길게 이어집니다. 이 이야기를 통해 질투심이 사람을 어디까지 이르게 할 수 있는지를 읽게 되는데, 이는 우리를 두렵게 하면서도 우리의 마음에서 일어나는 질투의 시점을 신속히 알아차려야 한다는 것을 강조합니다. 사울의 질투는 여인들이 블레셋을 이긴 이스라엘의 승리를 축하하면서 부른 "사울은 천천만 죽였고 다윗은 만만을 죽였다"는 사소한 노래에서 시작되었습니다. 그러나 사울에게는 이 일이 사소한 것이 아니었습니다. "그들이 다윗에게는 만만을 죽였다고 말하면서 나에게는 천천만 죽였다고 말하는군"이라고 사울은 혼자 말했습니다.

하지만 사울이 하나님이 그를 버리셨다는 자신의 처지에 매달려 있지 않았더라면 그토록 심하게 질투심을 느끼지 않았을지도 모릅니다. 후에 다윗이 사람들로부터 점점 호의를 얻게 되고 전쟁터와 다른 곳에서 다윗을 향하여 분명하게 하나님이 축복하시는 역사를 보면서, 다윗이 그를 대신하도록 하나님이 택하신 바로 그 사람이라고 사울은 분명하게 생각하게 되었습니다. 그리고 다윗을 없애는 것 말고는 그가 달리 할 것이 없다고 생각했습니다. 사울은 다윗에 의하여 골리앗과 블레셋 나라에서 구원받은 것에 대하여는 아주 기뻐한 반면에, 다윗이 자신을 대신하게 되는 것은 원하지 않았습니다. 마음에 내키지 않는 사울의 질투는, 질투가 보통 그러하듯이 거의 이성을 잃을 정도였습니다.

다윗이 사울을 격동케 한 것은 아무것도 없었습니다. 그런 아버지에게 요나단은 간청하면서 말합니다.

> 원하건대 왕은 신하 다윗에게 범죄하지 마옵소서 그는 왕께 득죄하지 아니하였고 그가 왕께 행한 일은 심히 선함이니이다(삼상 19:4).

그때부터 긴 이야기가 시작됩니다. 그것은 실제로는 버림받은 왕이 기름 부음 받은 왕에게 고개 숙이기를 원하지 않은 것에 대한 단순한 기록입니다.

이것을 우리에게 적용하여 유추해 보려고 합니다. 우리가 우리 자신을 버림받은 왕으로서 인정하지 않으려 하고, 하나님이 우리에게 부적합하다고 선언한 그 왕좌를 붙잡으려고 한다면, 우리는 얼마 지나지 않아 질투에 빠지게 될 것입니다. 이 얼마나 무서운 일입니까! 질투는 다른 사람들에게 엄청난 상처를 주고 우리 자신에게도 참으로 불행을 가져오게 됩니다! 질투는 우리에게 어떤 즐거움도 주지 않는 유일한 죄입니다. 우리가 단순하게 생각하는 것 이상으로 질투라는 죄는 그리스도인들 사이에서 아주 다반사로 일어납니다. 질투는 종종 교묘하게 위장되어 아주 많은 말과 행동과 태도 뒤에 숨어 있습니다. 질투에 대하여 우리는 개인적으로 자신은 무죄하다고 태연하게 생각합니다. 질투를 죄로 보지 못하는 그리스도인은 신앙의 초보상태라고 확신 있게 말할 수 있습니다!

1. 예수님을 질투한다?

사울이 다윗를 질투했다는 말에, 그렇다면 여러분이 예수님을 질투하고 있다는 것이냐고 물을 것입니다. 직접적인 방법으로는 아니지만, 간접적인 방법으로는 아주 분명하게 질투하고 있습니다. 여러분은 버림받은 왕이고, 여러분의 왕국이 여러분에게서 찢겨져 예수님께 주어졌으며, 예수님이 여러분의 자리를 차지하게 되었습니다. 그러나 예수님은 항상 그것을 직접적으로 하려고 하지 않습니다. 늘 그러지는 않으시지만 예수님은 다른 사람을 통해서 이 일을 행하십니다.

누군가 우리보다 더 뛰어난 이가 있습니다. 누군가 우리 앞에 있는 자가 더 호감을 받습니다. 그 사람이 우리에게서 이양받아 사람들의 주목을 다 앗아가는 것같이 보입니다. 우리가 생각했던 대로의 우리 모습이 아니라고, 지금 우리에게 보여주고 계시고, 우리를 가리우시고, 우리의 자리를 차지하려고 하시는 분이 예수님이 아니라고 여러분은 확신 있게 말할 수 있습니까?

예수님은 때때로 그러한 방식으로 일하십니다. 세례 요한은 "그는 흥하여야 하겠고 나는 쇠하여야 하리라"고 말하였습니다. 그러나 예수님은 우리의 희생 없이는 흥할 수 없다고 말씀하십니다. 이 문제는 항상 다른 사람과의 관계에서 일어납니다. 우리는 다른 사람에 대하여 질투하고 그를 원망하고 거부합니다. 그러나 우리가 타인을 향하여 그렇게 행동할 때 사실상 우리는 예수님께 그렇게 하는 것입니다.

그래서 예수님이 우리에게 말씀하셨습니다.

> 내 형제 중에 지극히 작은 자 하나에게 한 것이 곧 내게 한 것이니라
> (마 25:40).

우리가 생각하는 것처럼 이것은 그저 단순히 우리와 다른 사람 사이에 일어나는 것이 아닙니다. 그것은 우리와 예수님 사이에 일어나는 것이고, 우리가 예수님에 의해서 대체되기를 원하지 않으려는 고집 때문에 일어나는 것입니다. 따라서 이 문제는 반드시 바로 잡혀야 합니다. 제가 다른 사람과의 관계에서 첫째가 되기를 원한다면, 그리스도와의 관계에서도 저는 첫째가 되기를 원할 것입니다.

2. 질투의 진전

사울의 질투가 어떻게 진전되어가고 또 그의 질투가 어떻게 표현되었는지를 주목해 보시기 바랍니다. 질투의 첫 번

째 표현은 두려움이었습니다. 사무엘상 18장은 여인들이 불렀던 유감스러운 노래에 대해 말하고 있는 장인데, "사울이 다윗을 두려워 하였더라"는 구절을 세 번이나 읽을 수 있습니다. 사울은 다윗이 지혜롭게 처신하는 것을 보고, 모든 일이 다윗의 손에서 항상 번성하는 것을 보며, 다윗을 향한 사람들의 찬사로 인해 두려움을 느꼈습니다. "그가 왕좌 외에 무엇을 더 가질 것인가?"라고 사울은 말했습니다. 사울은 왕좌를 너무나도 위태롭게 유지하고 있는 상태였습니다. 이 때문에 다윗은 사울의 충성스런 신복이 되는 것 외에 다른 어떤 것도 결코 의도하지 않았음에도 사울은 자신이 질투하는 다윗에 대하여 두려움을 느꼈습니다.

우리의 질투는 항상 우리로 하여금 두려움을 느끼게 만듭니다. 마음으로 우리 자신의 높아짐만을 원하기 때문에 다른 사람들이 높아지는 것을 호의적으로 받아들이지 못합니다. 그리고 다른 사람들의 높아짐을 자신에 대한 도전의 가능성으로 보게 됩니다. "사울이 그날부터 계속하여 다윗을 눈여겨 본 것"처럼 우리는 다른 사람들의 모든 움직임을 주시합니다. 더 나아가 그의 향상을 반대하는 우리 자신의 비밀스런 행동단계를 취합니다.

그 다음에는 의심이 찾아옵니다. 사울은 다윗이 그의 등 뒤에서 그를 대적하여 음모를 꾸미고 있다고 의심하기 시작했습니다. 사울은 다윗의 일거수일투족을 그러한 시각으로 바라보았습니다. 사울의 귀에 "다윗이 당신을 해치려고 합니다"라고 속삭이는 다윗의 원수들도 있었습니다. 그리고 다윗과 요나단 사이의 친밀한 관계 때문에 자신의 아들조차도 이 음모에 가담한 것이 아닌가 하고 사울은 부정적으로 생각했습니다. 요나단 혼자만이 아니라 다른 사람들도 가담했을 것이라 생각했습니다. 사울은 원수들에 의하여 둘러싸여 있었습니다! 현대의 심리학적인 용어로 말하면 모든 사람이 자신을 대적한다고 착각하는 편집증 환자가 되었습니다. 어느 날 사울이 그의 신하들에게 말했습니다.

> 너희가 다 공모하여 나를 대적하며 내 아들이 이새의 아들과 맹약하였으되 내게 고발하는 자가 하나도 없고 **나를 위하여 슬퍼하거나** 내 아들이 내 신하를 선동하여 오늘이라도 매복하였다가 나를 치려 하는 것을 내게 알리는 자가 **하나도 없도다**(삼상 22:8).

사울은 편집증 환자의 특징인 불합리한 사고를 보여주고 있습니다. 현대 몇몇의 독재자들과 전제군주들 중에도 그와 같은 특징을 갖고 있었습니다. 그들은 스스로 두려움을 느끼고 모든 사람을 의심하면서, "너희들 중에 어떤 이도 나를 위하여 슬퍼하는 이가 없구나!"라고 말합니다. 우리는 그들을 위해서가 아니라 그들의 피해자로 인해 슬퍼해야 합니다!

그렇습니다. '면류관을 쓴 그 머리가 어색합니다.' 특히 그 면류관이 강제로 빼앗은 것일 때는 결코 그 머리에 맞지 않을 것입니다. 우리의 회개하지 않은 질투심으로 인하여 우리가 질투하고 있는 사람들을 이런저런 모양으로 의심하는 것을 시작하거나 또는 아무도 의도하지 않은 악을 억지로 찾아내려 하는 단계에 이르지 않도록 주의해야 합니다.

이 모든 것이 사울로 하여금 아주 자연스럽게 다윗을 향한 적개심을 가지도록 했습니다. 사울은 다윗이 그의 원수라고 생각했기 때문에 다윗을 향하여 그와 같은 태도를 갖는 것은 단지 정당방위라고 느꼈습니다. 그래서 "사울은 계속적으로 다윗의 원수가 되었고" 이를 아주 공개적이고 난

폭한 행동으로 표현했습니다.

이 죄 없는 젊은이를 대적하여 사울이 저지른 사악한 범행들의 긴 항목들을 한 번 보십시오. 사울이 악신에 들려 깊은 침체에 빠져 있을 때에 다윗은 사울을 위로하기 위해서 하프를 연주했습니다. 그때 사울은 세 번 이상이나 다윗을 향하여 긴 창을 던졌습니다. 그리고 다윗에게 딸 미갈을 아내로 주면서 블레셋 사람 1백 명의 포피를 가져오라는 야만적인 결혼 지참금을 요구했습니다. 이것은 다윗이 블레셋 사람들과의 전투에서 죽게 되기를 바랐기 때문입니다. 하지만 그 계획이 실패하자 사울은 요나단과 그의 신하들에게 다윗을 죽이라고 명령했고, 결국 요나단으로부터 그렇게 하면 안 된다는 항의만 얻어냈을 뿐이었습니다.

어느 날 밤에 사울은 아침에 다윗을 죽이기 위해서 다윗의 집 주위에 군사들을 매복시켰지만 다윗은 극적으로 도망쳤습니다. 요나단도 다윗의 편을 든다는 이유로 사울의 미움의 대상이 되었고, 사울이 던지는 창을 피해야 했습니다. 안타깝게도 그 창은 사울과 같은 사람의 손에서는 또 다시 위험한 무기가 되었습니다.

다윗은 궁정을 완전히 떠나 피신하여 도망자의 삶을 살아야만 했습니다. 그 후 다윗은 히브리서 11:38에 적혀 있는 대로, "광야와 산과 동굴과 토굴에" 일종의 구약시대의 로빈 훗과 같이 사울에게 불만을 품은 몇백 명의 사람들과 함께 살았습니다. 아마도 이 시점에서 다윗에게 가슴 아픈 사건은 한 때 다윗에게 임시 피난처를 제공해 주었던 무고한 85명의 제사장들이 사울에 의해 목숨을 잃은 사건이었을 것입니다. 오로지 한 사람만 도망쳐서 다윗에게 이 소식을 전했습니다. 다윗은 "네 아버지 집의 모든 사람 죽은 것이 나의 탓이로다"라고 말하면서 찢어질 정도로 아픈 그 마음을 표현했습니다.

다윗이 한 피난처에서 또 다른 피난처로 옮길 때마다, 다윗의 소재지가 사울에게 누설되었습니다. 첫 번째는 길르앗 사람들에 의해서였고, 두 번째는 십 사람들에 의해서였습니다. 첫 번째 사람들은 다윗이 그들을 위해서 희생을 치르면서까지 그들을 섬겼는 데도 다윗을 배신했습니다. 사울은 3천 명이나 되는 그의 군사들을 동원하여 다윗 자신의 표현을 사용하면 '산에서 메추라기'를 사냥하는 것처럼 다윗을 잡으려고 돌아다녔습니다. 오늘날의 이야기로 말하면 '쥐와 고양이'의 추격인데, 하나님이 쥐 편에 계신다는 것을 제외하고는 모든 기회들이 고양이 편에 더 유리하게 작용했습니다.

마온과 엔게디와 십 광야의 세 곳에서 일어난 숨막히는 사건들을 아주 자세하게 읽을 수 있습니다. 다윗은 그곳에서의 시간을 "나와 죽음의 사이는 한 걸음 뿐이니라"(삼상 20:3)고 표현하며 죽음이 너무도 가까이 있음을 말했습니다. 그러나 그 시간 내내 다윗 위에 보호하시는 한 손이 있었습니다. 다윗에게 이미 기름을 부으셨던 그 하나님에 대한 다윗의 믿음이 그 즈음에 다윗이 썼던 여러 시편에서 매우 빈번하게 표현되었고 상세하게 증거 되었습니다.

> 사울이 매일 찾되 하나님이 그를 그의 손에 넘기지 아니하시리라 (삼상 23:14).

우리의 질투도 때때로 이와 동일한 과정으로 이끌 수 있습니다. 먼저는 두려움을 주고, 다음에는 의심을 주고, 마침내 적개심을 드러냅니다. 다른 사람이 우리를 대적하여 일하고 있다고 상상하면, 그들을 대적하여 무언가를 하는 것은 단지 우리에게는 자기 방어처럼 보일 것입니다. 그 결과 우리 교회 안에서조차도 다른 사람을 대항하여 아주 거친 말들이 퍼부어질 수 있고 심한 행동들을 할 수 있습니다. 그리하여 우리가 다른 사람에게 가하는 고통은 아주 심각한 것이 될 수 있습니다.

우리가 이 이야기를 그저 단순히 역사 속의 이야기로 읽는다면, 다윗이 사울에게 그런 일을 당했을 때 얼마나 혹독하게 느꼈는지를 간과할 수 있습니다. 다윗이 궁정에 머무르는 것이 안전하지 않고 그가 갈 수 있는 한 어딘가로 떠나야 한다는 것을 깨달은 순간은 참으로 애처로운 순간이었습니다. 사무엘상 20:41을 보면 다윗과 요나단에 대해서 "서로 입 맞추고 같이 울되 다윗이 더욱 심하더니"라고 했습니다. 상상해 보면, 다윗이 그의 얼굴을 요나단의 어깨에 파묻고 흐느낌으로 다윗의 몸이 흔들렸을 것입니다. 다윗은 요나단에게 물었습니다.

> 내가 무엇을 하였으며 내 죄악이 무엇이며 네 아버지 앞에서 내 죄가

무엇이기에 그가 내 생명을 찾느냐(삼상 20:1)

  질투는 종종 너무나 탐욕적이어서 어떤 것으로도 그것을 잠재우지 못할 것입니다. 다윗이 얼마나 깊은 고통을 받았는지를 이해하기 위해서는 그가 그러한 시련 가운데 있을 때 썼던 몇몇의 시편들을 보아야 합니다.

  우리가 다른 사람에게 어떤 고통을 가했는가에 대해서는 우리 자신이 잘 알지 못합니다. 우리가 했던 그 말이 그 당시에는 다른 사람에게 그렇게 큰 자극으로 작용하지 않는 것처럼 보일 수도 있습니다. 그저 조용하게 받아들이는 것처럼 보일 수도 있습니다. 그러나 그 상처는 너무나 깊어서 상대의 마음 안에서 되풀이되어 생각나게 되고, 그를 아주 불행한 사람으로 만들게 됩니다. 예를 들면, 교회의 성도들은 그들의 목회자에 대한 비판이 때때로 목회자와 그의 아내로 하여금 밤에 울면서 잠자리에 들게 만드는 것을 알지 못합니다. 하나님이 다윗의 보수자였던 것과 같이 하나님은 그 모든 경우의 보수자라는 것을 분명히 아십시오. 우리가 다른 사람을 비판하는 것은 바로 우리가 주 예수님을 비판하는 것입니다. 우리가 예수님께 가한 그러한 대우는 사울이 다윗에게 가한 대우보다 결코 더 낫지 않습니다. 그리고 이로 인해 예수님은 아주 많이 고통 받으셨다는 것을 생각해 보십시오.

한 친구가 아주 간결하면서도 깊은 기도를 하는 것을 들은 적이 있습니다. 그는 "주 예수님! 예수님이 우리의 구세주가 되시느라 너무나 힘드시겠습니다"라고 기도했습니다. 정말로 주님은 힘드십니다. 예수님은 너무도 자주 '예수님의 친구들의 집에서 상처를' 받으십니다.

3. 사울을 대적하지 않는 다윗

사울이 자신의 대적이라고 생각했던 그 사람은 사실 사울을 전혀 대적하지 않았습니다. 다윗보다 더 사울을 사랑한 사람은 아무도 없었을 것이고 하나님으로부터 기름 부음 받은 자로서의 사울의 위치에 대하여 다윗보다 더 존중한 사람은 없었을 것입니다. 사울은 두 번이나 완전히 다윗의 수중에 들어갔었습니다. 바닥에 누워 자고 있는 사울을 다윗은 아주 손쉽게 찌를 수 있었습니다. 하지만 다윗은 그렇게 하지 않았습니다. 한 번은 사울이 다윗을 잡기 위해 쫓아다니다가 뜨거운 햇빛을 피하기 위하여 동굴 속에 들어갔는데, 그 깊은 동굴 안에 다윗과 그의 군사들이 숨어 있다는 것을 전혀 모른 채 낮잠을 잔 적도 있었습니다.

다윗의 군사들은 이것을 하나님이 다윗이 그의 원수를 친히 복수하고 마침내 그의 고통을 끝낼 수 있도록 다윗에게 주신 기회라고 생각했습니다. 그러나 다윗은 이렇게 말을 하며 신하들과 함께 머물러 있었습니다.

> 내가 손을 들어 여호와의 기름 부음을 받은 내 주를 치는 것은 여호와께서 금하시는 것이니 그는 여호와의 기름 부음을 받은 자가 됨이니라(삼상 24:6).

다윗은 단지 사울의 겉옷자락만 베었음에도 양심의 가책을 느꼈습니다. 그러나 다윗은 사울에게 자신의 심중의 결백함을 보여줄 무언가가 필요했습니다.

두 번째 사건은 위의 사건이 일어난 이후, 두 장 뒤에 나타납니다. 다윗과 아비새가 한밤중에 사울이 자고 있는 동안 사울의 진영에 기어 들어갔고 다윗은 힘없이 누워있는 사울 앞에 서게 되었습니다. 아비새가 사울을 없애도록 허락하기를 간청했으나 다윗은 이렇게 말합니다.

> 죽이지 말라 누구든지 손을 들어 여호와의 기름 부음 받은 자를 치면 죄가 없겠느냐(삼상 26:9)

다윗은 자신이 한밤중에 들어왔었다는 것을 알리기 위해 그저 사울의 창과 물병을 가져왔습니다. 마침내 사울이 블레셋과의 전쟁에서 목숨을 잃게 되었을 때, 어떤 사람도 다윗이 슬퍼한 것처럼 사울을 위해 슬퍼하지 않았습니다.

> 이스라엘아 네 영광이 산 위에서 죽임을 당하였도다 오호라 두 용사가 엎드러졌도다 이 일을 가드에도 알리지 말며 아스글론 거리에도 전파하지 말지어다…사울과 요나단이 생전에 사랑스럽고 아름다운 자이러니 죽을 때에도 서로 떠나지 아니하였도다 그들은 독수리보다 빠르고 사자보다 강하였도다(삼하 1:19-23).

이렇게 울고 있는 사람은 사울이 자신을 대적한다고 생각하여 그토록 죽이려고 쫓아다녔던 바로 그 사람이었습니다. 우리가 얼마나 잘못될 수 있는지요!

이것이 바로 다른 이의 삶 속에서 우리를 대적한다고 여겨서 우리가 맞대적하고 있는 주님의 모습입니다. 이 모두는 질투 때문이고 우리가 버림받은 왕이고, 실패자이기에 예수님이 친히 우리 자신을 대신하셔야 한다는 많은 증거를 우리가 받아들이지 않기 때문에 일어납니다. 사랑하는 형제, 자매님! 우리가 그토록 잘못대했던 바로 그분으로부터 사랑을 받았습니다. 우리는 원수입니다. 그러나 사랑받은 원수입니다. 예수님이 우리를을 더 많이 사랑하면 할수록 그분은 덜 사랑을 받게 되셨습니다. 그러나 아무리 많은 물로도 우리를 향하여 타오르는 그분의 사랑을 끌 수 없고, 어떠한 홍수로도 우리를 향한 그분의 사랑을 삼킬 수 없습니다.

다윗은 사울을 향한 그의 사랑의 증거물인, 베어진 옷자락을 들고서, 사울에게 그가 생각지도 않는 미움을 버리라고 애원했습니다.

다윗이 왕을 해하려 한다고 하는 사람들의 말을 왕은 어찌하여 들으시나이까? 오늘 여호와께서 굴에서 왕을 내 손에 넘기신 것을 왕이 아셨을 것이니이다 어떤 사람이 나를 권하여 왕을 죽이라 하였으나 내가 왕을 아껴(삼상 24:10)

아마도 우리는 이 말씀을 예수님이 우리에게 회개하라고 간청하실 때, 예수님의 입에서 나오는 말씀으로 바꿀 수 있을 것입니다. 우리는 우리 가까이에 다가오는 이런저런 위험을 전혀 알아채지도 못하고 아무런 방어할 힘도 없이 무력하게 그분의 발밑에 그저 누워 있습니다. 하늘나라의 천사들도 우리의 길을 바라보시는 주님의 오래 참으심과 우리의 모순되는 태도에 대한 그분의 인내를 보고 놀랄 것입니다. 그리고 그들은 주님께 우리를 죽이라고 말합니다. 그분이 그렇게 한다고 해도 어느 누구 한 사람도 그가 부당하다고 항변할 수 없을 것입니다. 그러나 주님은 "내 눈이 너를 아꼈고 네가 아는 것보다 더 많이 너를 아꼈노라"고 우리에게 말씀하십니다. 정말입니다. 예수님은 우리가 받을 만한 가치 그 이상으로 그분의 인자하심을 우리에게 전적으로 쏟아부어 주고 계십니다. 이 주장이 우리를 설득시키지 못한다면, 예수님은 우리를 위해서 갈보리에서 받은 못자국을 가리키시면서 이렇게 말씀하십니다.

> 어떤 이들은 나에게 너를 죽이라고 했다. 그러나 나는 너를 아꼈을 뿐만 아니라 너를 위해서 죽었다.

4. 잘못을 행하는 자들로 인하여 고통 받는 자들

질투하는 자들의 손에 의하여 애매히 고통을 겪는 자들에게 우리는 뭐라고 말할 수 있겠습니까? 때때로 우리가 이렇게 지독한 질투를 받는 편에 설 수도 있습니다. 우리에게 원수에 해당하는 역할을 하는 사울이 있을 수도 있습니다. 원수를 달래기 위해서 우리가 할 수 있는 것은 아무것도 없어 보입니다. 우리가 그들의 마음을 상하게 한 것이라고 생각한 어떤 행동이나 또 다른 것들에 대하여 그들의 용서를 구해 보지만 별로 달라진 것은 없습니다. 때때로 그들이 우리를 대적하여 갖고 있는 것이 무엇인지 우리에게 말하지도 않을 것이기 때문에, 무엇 때문인지 상상할 수도 없습니다. 어떤 것으로도 누그러지게 할 수 없을 것 같은 그러한 적대적인 태도를 다른 사람에게서 보게 될 때마다 그것이 질투라고 말한다면 여러분의 판단이 옳다고 생각합니다.

그러한 경우에 예수님과 함께 그것을 견디는 것 외에 여러분이 할 수 있는 것은 아무것도 없습니다. 예수님은 질투하는 자들의 손에 의하여 고통 받으셨습니다. 예수님을 십자가에 못 박게 한 것은 제사장들의 질투였습니다. 여러분이 좋은 사람들과 함께 있을 때도 고통을 겪을 수 있습니다. 물론 질투를 참는 과정 중에 여러분 자신의 태도에서도 잘못된 생각을 가질 수 있습니다. 자기 연민을 가질 수도 있고 원망이나 좌절감을 느낄 수도 있습니다. 하지만 여러분은 그 고통을 예수님이 지우신 멍에라 여기고 예수님과 함께 그 짐을 지고 가시길 바랍니다.

제가 생각하기에 아직 더 행해야 할 부분이 있습니다. 그것을 할 다른 이가 없다면 여러분 스스로 이를 행하여야 할 것입니다. 여러분은 얼굴을 맞대고 담대하게 말하면서 다윗이 했던 말을 할 수도 있습니다. 다윗은 그가 사울을 대적할 어떤 악한 의도가 없음을 증명하는 그 벤 옷자락을 들고 말했습니다.

> 여호와께서는 나와 왕 사이를 판단하사 여호와께서 나를 위하여 왕에게 보복하 시려니와 내 손으로는 왕을 해하지 않겠나이다(삼상 24:12).

저는 때때로 다음과 같이 말하는 것이 옳다고 생각합니다.

> 주님이 당신과 나 사이에 판단자가 되어 주시기를 바랍니다. 주님이 나의 원한을 당신에게 갚아주시기를 원합니다. 나는 주님이 복수하시도록 그것을 주님께 맡깁니다.

맞습니다. 여러분이 복수하는 행동을 하지 않는 동안도 여러분이 '복수'라는 단어를 사용할 수 있다고 저는 생각합니다. 결국 주님 자신이 "원수 갚는 것은 나에게 있으니 내가 갚을 것이다"라고 말씀하셨습니다. 이 사실은 다른 사람이 자신을 회복할 수 있도록 인도할 수 있습니다. 여러분이 저에게 그것을 말한다면 저에 대한 여러분의 원한을 주님께 맡기는 것을 제가 좋아할지 확신할 수는 없습니다. 하지만 하나님이 성경 여러 곳을 통해 그렇게 하셨고 또다시 그처럼 하실 것입니다. 그러한 도전이 어떤 사람을 회개에 이르게 한 몇몇의 사례를 저는 알고 있습니다. 그러나 여러분은 여러분의 심령을 다스려야 합니다. 다윗이 한 것과 같이 이런 사랑스러운 태도를 가져야 합니다.

5. 사울, 거의 회개함

이 모든 사건은 사울에게 어떤 영향을 미쳤고 그에게 어떤 결말을 가져왔습니까? 이 두 사건에서 다윗의 태도와 행동은 사울의 마음을 녹였고, 마치 사울이 하나님께 항복한 것처럼 보였습니다. 첫 번째 사건 이후 그의 말을 인용하겠습니다.

> 다윗이 사울에게 이같이 말하기를 마치매 사울이 이르되 내 아들 다윗아 이것이 네 목소리냐 하고 소리를 높여 울며 다윗에게 이르되 나

는 너를 학대하되 너는 나를 선대하니 너는 나보다 의롭도다 네가 나 선대한 것을 오늘 나타내었나니 여호와께서 나를 네 손에 넘기셨으나 네가 나를 죽이지 아니하였도다 사람이 그의 원수를 만나면 그를 평안히 가게 하겠느냐 네가 오늘 내게 행한 일로 말미암아 여호와께서 네게 선으로 갚으시기를 원하노라 보라 나는 네가 반드시 왕이 될 것을 알고 이스라엘 나라가 네 손에 견고히 설 것을 아노니 그런즉 너는 내 후손을 끊지 아니하며 내 아버지의 집에서 내 이름을 멸하지 아니할 것을 이제 여호와의 이름으로 맹세하라(삼상 24:16-21).

사울은 다윗이 옳고 자신이 잘못되었다는 것을 고백했을 뿐만 아니라, 언젠가 다윗이 왕이 될 것이라는 것을 인정하고 그날에 다윗이 그의 자손을 아껴줄 것을 맹세하도록 부탁했습니다. 이 얼마나 특이한 상황입니까! 도망하고 있는 유랑자가 자신의 생명을 구해달라고 왕에게 간청하는 것이 아니라, 왕이 그의 자손을 아껴줄 것을 유랑자에게 간청하고 있습니다. 우리가 그토록 오랫동안 기다려 왔고, 아니 일어날 것이라고 생각지도 못했던 반응을 마침내 듣게 되었다고 생각합니다. 그러나 안타깝게도 이전에 사울의 마음에 있던 적개심이 다시 발동하여 다윗은 또 다시 심각한 위험에 처하게 되었습니다.

그 후 다윗이 사울의 생명을 아꼈던 두 번째 사건이 이어 졌고 여기서 사울은 거의 회개에 가까운 상태에 이르게 된 것 같았습니다. 이 사람이 정말로 이 이상 더 말할 수 있을까 하고 물을 정도였습니다.

> 사울이 이르되 내가 범죄하였도다 내 아들 다윗아 돌아오라 네가 오늘 내 생명을 귀중히 여겼은즉 내가 다시는 너를 해하려 하지 아니하리라 내가 어리석은 일을 하였으니 대단히 잘못되었도다…사울이 다윗에게 이르되 내 아들 다윗아 네게 복이 있을지로다 네가 큰 일을 행하겠고 반드시 승리를 얻으리라 하니라 다윗은 자기 길로 가고 사울은 자기 곳으로 돌아가니라(삼상 26:21, 25).

사울은 다윗을 궁정으로 돌아오도록 초청하였지만 다윗은 그렇게 하지 않았습니다.

> 다윗은 자기 길로 가고 사울은 자기 곳으로 돌아 가니라(삼상 26:25).

다윗은 사울과 함께 돌아갈 엄두를 내지 못했습니다. 다윗은 근본적인 상황이 바뀌지 않은 것을 알았습니다. 필요한 것은 다윗이 미래의 언젠가 왕이 되어야 한다고 간단히 인정하는 것이 아니라, 다윗이 바로 그곳에서 그때 왕이 되어야 한다는 것이었습니다. 다윗이 강제로 집행해서 되는 것이 아니기에, 버림받은 왕이 회개할 때까지는 그곳이 안전하지 않다는 것을 다윗은 알았습니다. 사울의 회개는 단지 일시적인 것이었습니다.

6. 돌아설 수 없는 지점

그 이후, 사울은 돌아설 수 없는 선을 넘어선 것 같습니다. 그는 절망이라는 길을 향해 달음박질치며 내려가고 있었기 때문입니다. 블레셋과의 마지막 격전을 위해 모였을 때, 사울은 자신이 하나님께 돌아갈 수 없음을 알았습니다. 오히려 그렇게 하려고 시도했을 때에도 사울은 아무런 대답을 얻을 수 없었습니다.

> 사울이 여호와께 묻자오되 여호와께서 꿈으로도, 우림으로도, 선지자로도 그에게 대답하지 아니하시므로(삼상 28:6)

하나님이 사울에게 임박한 전투에 대하여 말씀하시기에는 주님과 사울 사이에 너무도 많은 것이 가로막고 있었습니다. 주님이 먼저 언급하시고자 하는 것이 있었지만 사울은 그것을 들을 수 있는 마음의 상태가 아니었습니다. 그래서 사울은 말합니다.

> 나를 위하여 신접한 여인을 찾으라 내가 그리로 가서 그에게 물으리라(삼상 28:7).

엔돌의 신접한 여인은 우리가 오늘날 영매 무당이라고 부르는 자였습니다. 고대의 마녀가 그와 같은 유사한 영을 갖고 있었으며, 제가 이해하기로 지배하는 영을 갖고 있었고, 그들은 귀신의 세계와 연결되어 있는 자들이었습니다. 사울의 바람은 그녀를 매개체로 하여 어떻게 해서든지 사무엘과 접촉하게 되는 것이었습니다.

이것이 신접한 자나 주술사에게 치우치게 된 자들의 배경이 된 이야기입니다.

> 백성이 자기 하나님께 구할 것이 아니냐 산 자를 위하여 죽은 자에게 구하겠느냐 하라(사 8:19).

그렇습니다. 그들은 당연히 그들의 하나님에게 돌아가야 했습니다. 하지만 사울과 같이, 그들은 "죽은 사람의 혼령을 갖고 있는 자들에게 구하거나, 주술사들에게 장난삼아 물어보고 중얼거리기"를 좋아했던 것을 하나님께 고백해야 하는 많은 죄를 범했습니다. 우리가 살아 계신 하나님 앞에서 도덕적인 문제들을 직면해야 하는 것처럼 그런 영들에게는 그럴 필요가 없습니다.

사울이 신접한 여인의 매개를 통해서 정말로 죽은 자와 대화했는가에 대하여 질문해 봅시다. 저의 대답은 그렇다고도 말할 수 있고, 아니라고도 말할 수 있다는 것입니다. 일반적으로 신접한 여인은 결코 죽은 자와 대화할 수 없습니다. 오늘날 영매들이 그렇게 한다고 주장하는 것과 같이, 그렇게 한다는 그녀의 주장은 가짜입니다. 오늘날 일어나는 것은 영매 쪽에서 속이는 것이거나 대부분은 귀신이 죽은 자를 흉내내어 속이는 것입니다.

그 당시 신접한 여인은 자신이 사무엘을 불러낼 수 있으리라고 기대했다고 생각하지 않습니다. 그녀는 늘상 하던 대로 사람들을 속이는 주문을 외우기 시작했는데, 그녀는 갑자기 사무엘을 본 것이었고 사무엘을 보자 그녀는 '큰 소리로 울었습니다.' 다른 말로 하면, 그녀가 어떤 다른 사람보다도 더 많이 놀랐고 두려워했습니다. 이전에 결코 일어난 적이 없던 것이 실제로 일어났기 때문이었습니다. 사무엘이 사울에게 했던 모든 말들은 이전부터 사무엘이 사울과 부딪혔던 도덕적인 주제들에 관한 것이었습니다.

> 사무엘이 사울에게 이르되 네가 어찌하여 나를 불러 올려서 나로 성가시게 하느냐 하니 사울이 대답하되 나는 심히 다급하니이다. 블레셋 사람들은 나를 향하여 군대를 일으켰고 하나님은 나를 떠나서 다시는 선지자로도, 꿈으로도 내게 대답지 아니하시기로 내가 행할 일을 알아보려고 당신을 불러 올렸나이다 하더라 사무엘이 이르되 여호와께서 너를 떠나 네 대적이 되셨거늘 네가 어찌하여 내게 묻느냐 여호와께

서 나를 통하여 말씀하신 대로 네게 행하사 나라를 네 손에서 떼어 네 이웃 다윗에게 주셨느니라. 네가 여호와의 목소리를 순종하지 아니하고 그의 진노를 아말렉에게 쏟지 아니하였으므로 여호와께서 오늘날 이 일을 네게 행하셨고(삼상 28:15-18).

고금을 막론하고 강신술을 통하여 죽은 자와 유사한 영이 나타나서 이렇게 말한 적은 없었습니다.

그 방문 이후 사울은 얻은 것 없이 단지 그의 멸망에 대한 확인만을 받았을 뿐이었습니다. 전쟁에 참여하게 되었고 이스라엘 백성은 블레셋 앞에서 도망쳤고 많은 사람들이 길보아 산에서 죽었습니다. 사울 자신도 궁수의 화살에 맞아 중상을 입었고, 사울의 두 아들과 함께 요나단도 죽었습니다. 사울은 블레셋 사람의 손에 잡혀서 그들에 의하여 능욕받기보다는 자신이 칼을 들고 그 위에 쓰러져서 자살하는 것을 택했습니다. 사울의 머리는 잘리었고 그의 몸통의 시체는 벧산 성벽에 못 박혔는데 블레셋은 이를 보고 기뻐했습니다. 이스라엘에게는 너무도 참혹한 날이었습니다.

깨지지 않으려고 발버둥을 쳤던 한 사람의 이야기가 이렇게 끝이 났습니다. 만약 사울이 깨지고 뉘우치는 마음을 가졌더라면 그것은 하나님의 눈에 아주 소중하게 여겨졌을 것이고, 그의 삶은 아주 다르게 끝났을 것입니다. 이 이야기의 모든 부분마다 사울 편에서는 회개와 하나님 편에서는 자비의 자리가 사울을 향해서 늘 열려 있었습니다. 그러나 사울에게는 자기를 겸손하게 낮추는 대가가 너무나 컸기에 회개할 수 있는 기회를 계속적으로 미루게 되었고 결국 치유되지 못한 채 비참한 최후를 맞이하게 되었습니다.

5장

요나단과 질투의 치유

사울의 아들 요나단이 일어나 수풀에 들어가서
다윗에게 이르러 그에게 하나님을
힘 있게 의지하게 하였는데 곧 요나단이 그에게
이르기를 두려워하지 말라 내 아버지 사울의
손이 네게 미치지 못할 것이요
너는 이스라엘 왕이 되고
나는 네 다음이 될 것을 내 아버지
사울도 안다하니라
(삼상 23:16-17)

사울이 자신의 자아가 깨지기를 원하지 않는 사람이었다면, 이 이야기 속에는 반대로 완전히 깨진 다른 한 사람이 나옵니다. 그 사람은 요나단이었습니다. 사울의 아들이며, 다음 왕위를 이을 자였던 요나단은 다윗의 등장에 의하여 그의 아버지만큼 잃을 것이 많은 사람이었습니다. 어느 날 대단히 격노한 사울은 요나단에게 말했습니다.

> 네가 이새의 아들을 택한 것이 네 수치와…이새의 아들이 땅에 사는 동안은 너와 네 나라가 든든히 서지 못하리라(삼상 20:30-31).

요나단이 다윗을 선택한 것이 수치가 된다 할지라도 요나단은 다윗을 선택했습니다. 다윗이 골리앗을 무찌르고 돌아온 그날 첫 만남부터 요나단은 다윗을 생명처럼 사랑했습니다. 그들은 그날 언약을 맺었으며, 요나단이 자기의 입었던 겉옷을 벗어 다윗에게 주었고 그 군복과 칼과 활과 띠도 함께 주었습니다. 요나단은 그의 아버지와 자신 사이에 어떤 어려움이 일어나도 자신과 다윗 사이의 언약을 끝까지 충성스럽게 지켰습니다.

하지만 요나단은 이것보다 한 걸음 더 나아갔습니다. 요나단은 너무도 분명하게 자신을 버림받은 왕가의 한 구성원으로 받아들이고 다윗이 하나님의 정하신 때에 왕이 되는 것을 기꺼이 받아들였습니다. 요나단이 숲속에서 도망치고 있는 친구에게 가서 "하나님을 힘있게 의지하라"(삼상 23:16)고 말한 것을 보면 알 수 있습니다. 이 전체 이야기에서 가장 아름다운 말이 요나단의 입에서 흘러 나왔습니다.

> 두려워하지 말라 내 아버지 사울의 손이 네게 미치지 못할 것이요 너**는 이스라엘 왕이 되고 나는 네 다음이 될 것을** 내 아버지 사울도 안다 (삼상 23:17).

요나단은 하나님이 다윗을 왕으로 지명하신 것에 대하여 분명히 확신했습니다. 한 순간도 다윗의 왕권에 도전할 생각을 하지 않았으며, 기껏해야 자신을 위해서는 그저 다윗의 다음이 되기를 원한다고 말했습니다. 왕위의 분명한 계승자의 입에서 나온 말이 "너는 이스라엘 왕이 되고 나는 네 다음이 될 것이라"는 것이었습니다. 여기에는 질투심은 전혀 없었고, 그저 사랑만이 있었습니다! 사울의 태도와는 너무나 다른 정반대의 모습입니다!

다시 그들 두 사람은 이전보다 더 많고 참으로 놀랄 만한 내용으로 언약을 맺었습니다. 그것은 도망가는 자가 궁정에 있는 그의 친구에게 은혜를 간청하는 것이 아니라 도리어 그 반대로 궁정에 있는 자가 도망가는 자에게 간청하는 것이었습니다. 다윗이 왕이 될 것을 요나단은 분명히 확신했습니다. 그래서 그날이 왔을 때 다윗이 요나단에게 하나님의 인자하심을 베풀어서 그가 다윗의 손에 죽지 않게 해달라고 제일 먼저 간청했습니다.

더 중요한 간청은 요나단이 죽은 뒤에라도 다윗이 그의 집에 다윗의 인자함을 끊지 말고 요나단의 씨를 영원히 보호해 줄 것을 부탁한 것입니다. 일반적으로 새 왕이 남아있는 이전 왕의 자손들을 없애는 것은 통례였습니다. 하지만 요나단은 다윗에게 서로를 향한 사랑에 근거하여 그렇게 하지 말 것을 맹세하도록 부탁하였습니다. 이 모든 말은 인간의 눈으로는 왕이 될 가능성이 전혀 없는 도망자에게 한 말이었습니다. 다윗을 향한 요나단의 이러한 태도는 어떤 태도입니까! 요나단과 비슷한 태도를 가진 한 사건이 떠오르는데 그것은 십자가 위에서의 한 강도의 태도입니다. 그 강도는 예수님이 왕국에 들어가는 왕이라는 것을 시사해 주는 것이 전혀 없던 때, 자신과 똑같이 십자가에서 죽어가는 자에게 고개를 돌려서 "주여, 당신의 나라에 임하실 때에 나를 기억해 주소서"라고 예수님께 말했습니다. 죽어가는 강도에게 성령님으로부터 자신의 바로 옆의 십자가에서 못 박힌 자가 누구이신지에 대한 계시가 주어졌습니다.

1. 다음

"너는 이스라엘 왕이 되고 나는 네 다음이 될 것이라."

다음이라는 이 짧은 한 마디가 얼마나 놀라운 말입니까! 성령님이 역사하시는 사람만이 참으로 이 말을 할 수 있습니다. 우리 모두는 천성적으로 첫째가 되기를 원합니다. 특히 다른 사람과의 관계에서 이것은 참으로 조화를 이루지 못하게 하고 질투심을 일으키게 합니다! 우리가 보아왔듯이 다른 사람과의 관계에서 첫째가 되기를 원하는 사람은 주님과의 관계에서도 첫째가 되기를 원합니다.

달리 표현하자면 우리가 "예수님! 주님이 첫째이고 저는 그 다음입니다"라고 말할 때, 그것은 우리가 다른 사람과의 관계에서도 역시 "저는 당신의 다음입니다"라고 말할 수 있음을 의미합니다! 예수님과의 관계에서 자신이 다음이라고 하는 것과 다른 형제들과의 관계에서 자신이 다음이라고 하는 것은 항상 함께 따라갑니다.

> 각각 자기보다 남을 낫게 여기고(빌 2:3).

이것은 능력이나 자질면에서 실제적으로 더 낫다는 것을 의미하는 것이 아니라, 종이 주인의 위치가 자신보다 더 낫다고 생각하는 것과 같은 위치에서의 높음을 일컫는 말입니다. 우리가 스스로 다음이라는 자리를 기꺼이 받아들일 때,

사랑으로 서로에게 종노릇을 할 수 있을 것입니다.

다음, 다음, 다음! 이것이 질투의 치료책입니다. 제 자신이 버림받은 왕이라는 하나님의 판결을 받아들이기 때문에, 우리는 다음이라는 위치를 받아들일 수 있고, 예수님이 먼저가 되시도록 내드릴 수 있습니다. "주님이 왕이 될 것이고 저는 주님 다음이 될 것입니다." 다른 사람과의 관계에서 질투라는 감정이 몰려올 때, 우리는 회개하고 즉시 '다음'이라는 자리를 취하는 것을 배워야 합니다.

첫째가 되는 이는 오직 한 분, 예수님이시고, 나머지는 모두 '다음'이라는 자리에서 함께 일하고 기도하게 된다면 얼마나 아름다운 그리스도인 공동체가 이루어지겠습니까! 이 공동체는 상호간에 '다음'의 위치를 차지하려 하고 그곳에는 서로 간에 질투가 전혀 없습니다.

2. 요나단은 결코 잊지 않았습니다

요나단으로 하여금 다윗을 향하여 이러한 태도를 갖도록

만들고, 왕관을 취할 수 있는 권리를 다윗에게 양도할 수 있게 한 것은 무엇이었습니까? 제가 확신하기에 요나단은 골리앗의 머리를 손에 들고 엘라 골짜기에서 돌아온 다윗을 처음 보았던 그날을 결코 잊지 않았습니다.

> 그가 자기 생명을 아끼지 아니하고 블레셋 사람을 죽였고 여호와께서는 온 이스라엘을 위하여 큰 구원을 이루셨으므로 왕이 이를 보고 기뻐하셨거늘(삼상 19:5).

요나단은 사울에게 말하면서 그날의 기억을 생생하게 표현하였습니다. 다윗이 없었더라면 사울 왕국은 존재하지 않았을 것이고 그는 블레셋의 노예가 되었을 것입니다. 이 젊은 장수가 그와 온 이스라엘을 블레셋의 속국이 되는 위기에서 구원하였습니다. 요나단이 살아서 숨을 쉬는 것은 모두 다윗의 덕분이었습니다.

> 제가 왕이 된다구요?
> 아닙니다.
> 다윗이 주변에 있는 한 저는 절대 아닙니다!

다윗으로 하여금 왕이 되게 하십시오.
저는 그저 그 다음이 될 것입니다.

 이것이 우리로 하여금 우리의 자리를 포기하고 단지 예수님과 누군가의 다음이라는 위치를 받아들이게 만드는 십자가의 비전입니다. 우리는 어떻게 하나님의 어린 양이 그의 생명을 아끼지 아니하시고 내주셨는지, 어떻게 그가 죄와 사탄이 지배하는 죽음의 영역 속으로, 심판의 영역 속으로 우리를 위해서 들어가셨는지, 그 자신을 버림으로써 우리의 적을 패배시키신 것을 결코 잊지 말아야 할 것입니다. 예수님이 저를 위하여 그곳에서 행하신 것이 없었더라면 저는 내드릴 왕좌를 갖지 못했을 것입니다.

주님, 교만하고 목이 곧은 저를 꺾어주소서.
저의 머리를 숙이고 굴복할 수 있도록 도와 주소서.
갈보리의 예수님을 볼 수 있도록 저를 위해서 머리를 숙이셨던.

 그러나 저를 더 움직이게 하는 것은 십자가에서 예수님이 이루신 사역에 대한 감사뿐만 아니라 지극한 사랑으로 묶인 예수님과의 친밀한 연합입니다. 요나단은 다윗을 자신의 생명같이 사랑했습니다. 세례 요한은 예수님을 처음 보았을 때 이렇게 말했습니다.

> 보라 세상 죄를 지고 가는 하나님의 어린 양이로다(요 1:29).

그 다음 날 그의 외침은 약간 달랐습니다. "하나님의 어린 양이로다!"(36절) 첫째 날에는 세상 죄를 지고 가는 예수님의 사역에 초점을 두었습니다. 그 다음 날 세례요한의 마음을 차지한 것은 오직 예수님 그분 자체였습니다. "하나님의 어린 양이로다!" 그것이 은혜 안에서 자라가는 부분입니다. 우리가 기꺼이 '머리를 숙이고 굴복할 수 있는' 자원하는 마음은 하나님의 어린 양이신 그분과 사랑으로 연합되어 있는 정도에 달려 있습니다.

3. 사울 혹은 요나단?

우리는 사울과 요나단의 이 두 대조적인 특성을 모두 갖고 있습니다. 그래서 우리는 스스로에게 내가 사울인가 혹은 요나단인가? 하는 질문을 당연히 하게 됩니다. 이와 같은 문제를 다룰 때는 긍정적인 측면과 부정적인 측면을 모두 살펴보아야 합니다. 제가 의미하는 것은 요나단이 되기 위해서는 그런 사람이 되게 해달라고 부탁하는 것이 아니라 그저 단순히 나 자신이 사울이었음을 고백하는 것입니다. 우리는 "정당한 자격으로 왕이 되었다고 생각했습니다. 다음이 아닌 일인자가 되기를 원했습니다. 질투를 했습니다." 이런 고백들을 해야 합니다.

이제 부정적인 측면을 말하겠습니다. 우리가 첫 번째로 해야 하는 것은 새로운 헌신을 다짐하는 것이 아니라 용서를 받는 것입니다. 용서의 선결조건은 고백입니다. 여기서 우리는 서두르지 말아야 합니다. 마치 하나님은 이렇게 말씀하시는 것 같습니다.

요나단이 되려고 노력하지 말아라. 너를 요나단으로 만들어 달라고 나에게 구하지도 말아라. 그저 네가 얼마나 사울이었는지를 깊이 시인해라. 내가 너의 진면목을 모두 보여줄 수 있도록 구해라.

묘하게도 이것은 요나단이 되는 길입니다. 그러한 고백을 하게 되는 예수님의 십자가 앞에서는 항상 어떤 일이 일어납니다. 우리는 용서받은 자로 나올 뿐만 아니라 "예수님이 이제 왕이십니다. 다만 저는 예수님 다음입니다"라고 말하는 새로운 태도를 가진 요나단이 되는 것입니다. 우리 삶에서 또다시 사울은 나타날 것입니다. 그럴 때 우리는 어디로 가야 하는지, 무엇을 해야 하는지 이제는 압니다. 고백하고 다시 예수님을 찬양하십시오. 하루에 몇 번이고 예수님께 질투하는 생각과 태도를 고백하게 된다고 할지라도, 예수님의 보혈은 회개하는 영혼에게 기쁨을 회복시키는 능력을 결코 잃어버리지 않을 것입니다. 그러므로 우리는 여전히 예수님을 찬양할 수 있습니다.

역설적이게도 질투에 대한 승리와 다른 사람에 대한 사랑은 회개함으로써 점점 더 줄어드는 것이 아니라 더 자주 승리를 맛보게 되고 더 빨리 다른 사람을 사랑하게 됩니다. 비가 올 때 자동차 앞유리는 와이퍼가 계속 반복해서 움직일 때만 선명해 집니다. 이 와이퍼와 같이 우리는 회개할 필요가 있습니다. 우리는 버림받은 왕입니다! 일인자가 되기를 원하는 당신은 누구입니까? 일인자 다음 자리가 우리의 진정한 자리입니다. 일인자 자리는 예수님의 자리입니다.

몇 년 전에 동 아프리카를 방문했을 때에 한 아프리카 여인이 (대부분 여자는 문맹입니다) 교제 모임에서 아주 깊은 이야기를 나누는 것을 들었습니다. 그녀가 질투할 때는 언제나 그 이유가 행렬에서 머리가 되기를 원하기 때문이라는 것을 하나님이 보여주셨다고 말했습니다. 그래서 이를 회개하고 행렬의 제일 끝에 갈 때마다, 그곳에서 항상 예수님을 발견하였다고 나누었습니다. 이는 사실입니다. 그곳이 예수님이 갈보리에서 가신 곳인 가장 낮은 곳이고, 줄에서 가장 마지막 자리입니다. 비록 예수님이 지금은 누구보다도 영광 가운데 더 높이 들려 계시지만 여러분이 행렬의 맨 마지막 끝자리로 갈 때, 거기에 예수님은 여러분을 만나기 위하여 여전히 행렬의 맨 마지막 끝에 서 계십니다.

그때 그 줄에서 머리가 누구인가는 별로 중요한 문제가 되지 않습니다. 여러분은 항상 예수님의 다음이라는 자신의 진정한 자리를 다시 발견하게 됩니다. 이 얼마나 놀라운 기쁨입니까! 질투가 어떤 쾌락도 주지 않는 유일한 죄라고 하면, 질투에 대한 회개는 어떤 다른 죄의 회개보다 더 큰 축복을 가져오는 것 같습니다. 왜냐하면 그 마지막 자리로 갈 때에 우리는 항상 그곳에서 예수님을 발견하기 때문입니다. 예수님의 보혈의 능력으로 우리는 그 죄의 얼룩에서 깨끗케 되고 하나님과 다시 완전히 바른 관계 속으로 들어가게 됩니다.

그때 예수님은 "친구야 더 높은 곳으로 올라오라"고 말씀하십니다. 그 자리는 바로 예수님께 더 가까운 예수님의 옆자리입니다.

6장

기름 부음 받은 왕의 넓은 마음

다윗이 이르되 사울의 집에 아직도 남은 사람이 있느냐
내가 요나단으로 말미암아 그 사람에게 은총을
베풀리라 하니라(삼하 9:1).

우리는 이제 이야기 가운데 사울과 그의 아들들이 전쟁에서 블레셋의 손에 의하여 쓰러지고 마침내 다윗이 왕이 되는 시점에 도달했습니다. 첫 칠 년 반 동안 다윗은 헤브론에 살면서 오직 유다만을 다스렸습니다. 그러나 이제는 대중의 칭송을 받으며 모든 이스라엘을 다스리는 왕이 되었고, 다윗은 도합 사십 년이라는 오랜 기간을 다스렸습니다.

왕이 되면서 다윗이 한 첫 번째 행적은 자신을 위하여 여부스라는 도시를 견고히 세우는 것이었고, 그곳에 거주하는 사람들을 쫓아내고 그곳의 이름을 예루살렘으로 바꾼 것입니다. 그리고 일련의 계속적인 승리를 통해서, 다윗은 사울의 시대에 침략을 받아 나라를 황폐케 만들었던 블레셋을 정복해 나갔습니다. 정복을 완수하고 나서 그는 사울 시대 내내 이스라엘의 외곽에 위치해 있는 아비나답의 집에 모셔두었던 법궤를 가져왔습니다. 그 법궤를 예루살렘의 바로 중심부에 이제는 하나님이 그 나라의 운명의 중심이 되셔야 한다는 그의 간절한 바람의 상징으로 가져왔습니다.

왕권을 확립하고, 블레셋을 정복하고, 법궤를 예루살렘에 가져 오고 나서, 왕이 된 바로 그 순간부터 마음에 품어 왔던 문제에 대하여 다윗은 말을 꺼냈습니다.

> 다윗이 이르되 사울의 집에 아직도 남은 사람이 있느냐 내가 요나단으로 말미암아 그 사람에게 은총을 베풀리라 하니라(삼하 9:1).

이후에 구약 전체에서 태양과 같이 빛나는 너무도 넓고 관대한 마음을 보여주는 이야기가 따라옵니다. 그의 이 넓은 마음은 오직 하나님이 죄인을 향하여 펼치시는 것과 같은 마음이었습니다. 물론 은혜와 넓은 마음은 같은 의미입니다. 은혜라는 단어는 우리에게 너무 친숙해서 신선함이 없을지도 모릅니다. 그래서 때때로 은혜라는 표현 대신에 하나님의 넓은 마음에 대하여 말하는 것이 유익합니다.

제가 독일어를 말하는 나라에서 설교를 하고 이 단어를 사용했을 때, 저의 통역자가 은혜를 *Grossherzlichkeit*, 즉 '넓은 마음'으로 번역하는 것을 들었습니다. 하나님의 넓은 마음은 얼마나 광대할까요? 하나님의 넓은 마음은 그 마음을 받는 사람이 그 받는 것에 대하여 어떠한 요구도 할 수 없을 때, 아니 그 반대가 더 마땅한 순간에 오히려 더욱더 넓게 펼쳐집니다. 이제 여러분은 감동적인 방식으로 그림을 보듯이 생생하게 밝히 보게 될 것입니다.

  6장의 주제는 버림받은 왕의 집이 마침내 전투에서 완전히 멸절되었을 때, 기름 부음 받은 왕이 버림받은 왕의 집에 보여주는 넓은 마음에 관한 것입니다. 다윗 안에 있는 이러한 성품으로 인해 우리의 눈에 너무나 아름답게 보입니다. 이는 예수님의 원수들이 마침내 패배했다는 것을 인정할 때, 예수님이 그들을 향하여 베푸시는 그의 넓은 마음을 나타내 보여주기 때문에 우리에게도 중요합니다. 이 은혜는 끝이 없어서 한때 그분을 대적했던 자들의 머리 위에 셀 수 없이 많은 복을 쌓아주시기를 기뻐합니다. 그것이 우리가 하나님 안에서 새로운 생명을 가질 수 있는 유일한 근거입니다. 그렇기에 우리는 그 놀라운 은혜로 인해 감격하는 것을 결코 멈추지 말아야 합니다.

다윗의 넓은 마음을 받은 대상은 요나단의 절름발이 아들이자 사울의 집에서 발견된 유일한 생존자인 므비보셋이었습니다. 사무엘하 9장에 나와 있는 이 사건은 만찬 식탁의 주인인 다윗이 자신에게 엄청난 상처를 준 사울 집안의 유일한 후손, 므비보셋에게 아주 명예로운 자리를 준 이야기입니다. 므비보셋은 왕의 식탁에 매일 "왕의 아들 중의 한 사람처럼" 함께 앉았습니다. 사울의 빼앗긴 땅들이 므비보셋에게 회복되었고, 그 땅과 그 자신의 개인적인 필요를 돌보기 위해서 여러 명의 종도 주어졌습니다. 잠정적으로 왕위를 노릴 가능성이 있는 폐위된 왕의 아들을 가족으로 받아들인다는 것은 들어보지 못한 이야기였습니다. 하지만 다윗은 그렇게 했습니다.

우리가 이를 구체적으로 살펴보기 전에 우리 자신에게 신약성경의 적용을 해보려고 합니다. 저는 여러분이 몇 년 전의 다른 식탁, 즉 사울이 주인이었을 때 다윗을 아주 다르게 대했던 그 식탁과 나중에 다윗이 사울의 마지막 남은 후손을 대한 방식이 얼마나 다른가를 비교해 보려고 합니다. 사울이 주인이었을 때의 식탁과 다윗이 주인이었을 때의 식탁이 얼마나 큰 대조를 이루는지 우리는 발견하게 됩니다.

다윗이 들에 숨으니라 초하루가 되매 왕이 앉아 음식을 먹을 때에 왕은 평시와 같이 벽 곁 자기 자리에 앉아 있고 요나단은 서 있고 아브넬은 사울의 곁에 앉아 있고 다윗의 자리는 비었더라 그러나 그 날에는 사울이 아무 말도 하지 아니하였으니 이는 생각하기를 그에게 무슨 사고가 있어서 부정한가보다 정녕히 부정한가보다 하였음이더니 이튿날 곧 달의 둘째 날에도 다윗의 자리가 오히려 비었으므로 사울이 그의 아들 요나단에게 묻되 이새의 아들이 어찌하여 어제와 오늘 식사에 나오지 아니하느냐 하니 요나단이 사울에게 대답하되 다윗이 내게 베들레헴으로 가기를 간청하여 이르되 원하건데 나에게 가게 하라 우리 가족이 그 성읍에서 제사할 일이 있으므로 나의 형이 내게 오기를 명하였으니 내가 네게 사랑을 받거든 내가 가서 내 형들을 보게 하라 하였으므로 그가 왕의 식사 자리에 오지 아니하였나이다 하니 사울이 요나단에게 화를 내며 그에게 이르되 패역부도한 계집의 소생아 네가 이새의 아들을 택한 것이 네 수치와 네 어미의 벌거벗은 수치 됨을 내가 어찌 알지 못하랴 이새의 아들이 땅에 사는 동안은 너와 네 나라가 든든히 서지 못하리라 그런즉 이제 사람을 보내어 그를 내게로 끌어 오라 그는 죽어야 할 자이니라 한지라 요나단이 그의 아버지 사울에게 대답하여 이르되 그가 죽을 일이 무엇이니이까 무엇을 행하였나이까 사울이 요나단에게 단창을 던져 죽이려 한지라 요나단이 그 의 아버지가 다윗을 죽이기로 결심한 줄 알고 심히 노하여 식탁에서 떠나고 그 달의 둘째 날에는 먹지 아니하였으니 이는 그의 아버지가 다윗을 욕되게 하였으므로 다윗을 위하여 슬퍼함이었더라(삼상 20:24-34).

1. 식탁의 주인으로서 사울

식탁의 주인으로서 사울을 먼저 살피고 잠시 요약을 해 보겠습니다. 하나님이 사울이 이스라엘을 다스리지 못하도록 그를 버리셨음에도 사울은 그 판결을 받아들이지 않고 여전히 왕이 되려고 노력하며 이전처럼 여전히 주인으로서 식탁에 앉아 있었습니다. 모든 주요 인사가 궁중의 연회에 참석한 가운데 사울은 가장 돋보이는 자리를 차지했습니다.

사울이 우리 자신의 모습이 될 수 있음을 우리는 이미 살펴보았습니다. 십자가의 판결은 우리를 향하여 쏟아졌습니다. 예수님이 우리를 위해서 죽으셨을 뿐만 아니라 우리를 대신해서 죽으셨습니다. 이것은 우리가 십자가에서 심판받았음을 의미합니다. 그리고 하나님이 우리에게 주신 영역을 다스리지 못하도록 우리를 버리셨고, 우리보다 더 나은 자인 우리의 이웃에게 그것을 주셨음을 의미합니다.

그렇다면 우리보다 더 나은 자는 누구입니까? 아마 사울과 같이 우리도 그 판결을 받아들이지 않을 것입니다. 모든 것을 회개한다 할지라도, 그 판결이 우리가 실패자라는 것을 보여주고 하나님을 위해서 다스리기에는 부적격한 자라는 것을 말하는 깊은 단계까지 우리는 이르지 못합니다. 그것은 우리에게 너무도 굴욕적이기 때문입니다. 우리가 참으로 노력만 하면, 우리는 여전히 왕이 되는 데 성공할 수 있다고 확신합니다. 우리는 다른 사람을 위하여 그 자리에서 내려오려고 하지도 않고 예수님께 그 자리를 내주려고 하지 않습니다. 우리는 옳고 다른 사람은 모두 틀렸다고 생각합니다. 그래서 그 식탁의 주인으로서 가장 중요한 자리에 우리가 앉아 있습니다.

2. 근본적인 죄

 식탁의 주인이 되려는 이 죄는 모든 다른 죄를 일으키는 근본적인 죄입니다. 교만의 죄를 생각해 보십시오. 나 외에 누가 식탁의 주인이 될 수 있습니까? 질투의 죄도 똑같은 것에서 나온 것이 아니면 무엇이겠습니까? 내가 식탁의 주인이 되기를 원하고 나를 대신하여 다른 사람이 그 자리에 앉는 것에 대하여 질투합니다. 다른 사람을 향한 원망과 마음의 쓴 뿌리 또한 똑같은 근원에서 나옵니다.

 사람들은 내 권리가 존중받아야 하는데 타인이 그렇게 해 주지 않을 때, 게다가 자신이 생각하기에 내가 부당한 대우를 받는다고 생각할 때, 원망을 하게 됩니다. 내가 식탁의 주인 자리에 앉아 있기 때문에 그것을 내 마음속에 오래 품고 그들을 용서하지 않을 것입니다. 부정직한 것이나 성적인 음란과 같은 탐닉하는 죄들도 이와 똑같은 근본적인 태도의 결과입니다. 사울과 같이 우리가 식탁의 주인의 위치에 있다면 우리도 그러한 죄에 탐닉하게 되지 않겠습니까? 왜 우리는 엄격할 정도로 정직해야 합니까? 만약 그렇지 않다면 비록 우리가 탄로나지 않는다 할지라도 우리는 죄를 범한 것입니다.

3. 비어있는 다윗의 자리

사울이 식탁의 주인의 자리에 앉아 있었기 때문에 다윗의 자리는 비어있었다는 것에 주목해 보십시오. "다윗의 자리는 비었더라"는 구절을 여러 번 읽게 됩니다. 그날 다윗 외의 모든 사람들은 총출동하였습니다. 모든 유력한 사람들과 군사 지도자들은 그곳에 참석했지만 그들 중에 큰 성과를 거두고 많은 사랑을 받는 자는 없었습니다. 다윗은 감히 그 자리에 나올 수가 없었습니다. 다윗이 사울과 함께 그 식탁에 앉는 것은 그의 생명을 거는 것과 같았습니다.

사울의 손이 닿는 가까운 곳에는 던지는 창이 항상 있었습니다. 예전에 다윗에게 던져졌던 그 창은 또다시 던져질 수 있었습니다. 사울이 주인으로 있는 한 다윗은 그 식탁에 앉을 수 없었습니다. 사울이 이를 좋아하지 않았습니다. 물론 사울이 다윗을 사랑하지 않은 것은 사실이었지만, 그래도 다윗이 그 자리에서 자신을 돋보이게 만들어주길 원했습니다. 사울은 모일 때마다 그 비어있는 자리를 그냥 지나칠 수 없었습니다.

이것은 우리에게도 해당되는 것입니다. 우리가 좋아하는 대로 행동하고 반응하는 식탁의 주인의 위치에 우리가 앉아 있을 때, 예수님의 자리는 비어있습니다. 우리가 주인으로 앉아 있을 때 예수님은 우리의 식탁에 앉으실 수 없습니다. 예수님은 이미 우리로부터 많은 상처를 받으셨습니다. 왜냐하면 우리가 다른 사람에게 행한 것이 바로 예수님께 행한 것이기 때문입니다. 예수님이 그렇게 행하는 사람과 함께 그 식탁에 앉아 계실 수 있겠습니까? 그래서 예수님은 함께 해야 하는 자리에서 물러나시고 우리는 예수님 없이 그리스도인의 삶을 살기 위해 노력하는 처지에 놓이게 된 것입니다.

우리는 다윗의 자리가 비어있는 상태로 그리스도인의 봉사를 떠맡아야 합니다. 다윗의 자리는 내내 비어있는 상태로 예수님에 대하여 다른 사람에게 말할 수도 있고, 복음을 전할 수도 있고, 성경공부를 인도할 수도 있습니다. 그러나 이는 참혹한 상황입니다. 저도 종종 그러한 경험을 해보았기 때문에 그 심정을 잘 알고 있습니다. 예수님이 제 마음을 새롭게 부흥시키셨을 때, 저는 이미 몇 년 동안 복음사역을 하고 있었습니다. 그러나 그 즈음 무언가 잘못되어가고 있다는 것을 발견하였습니다. 다윗의 자리는 비어있는 채 저와 함께하시는 예수님의 임재와 능력 없이 복음전도자가 되려고 열심히 노력하고 있는 제 자신을 발견하였습니다. 저는 많은 군중 앞에 서서 예수 그리스도를 영접하도록 그들을 설득하며 노력하고 있었지만, 내내 다윗의 자리는 비어있었습니다.

만약 예수님이 제 마음을 다시 부흥시키지 않으셨다면 저에게 어떤 일이 일어났을지 모르겠습니다. 그 이후에도 많은 사건이 있었습니다. 저의 태도가 잘못되었을 때도 있었고, 제가 형제를 대적하거나 형제를 질투할 때도 있었고, 그러면서 여전히 예수님을 섬기려고 노력하기도 했습니다. 그러나 그때마다 다윗의 자리는 비어있었습니다. 제가 점점 더 지치게 되었다는 것 외에 사역에는 거의 아무 일도 일어나지 않았습니다. 하나님이 이미 여러분을 왕이 되지 못하도록 버리셨는데 왕이 되려하거나 식탁의 주인이 되려고 하는 것은 아주 힘든 일입니다.

4. 패배에서 패배로

그보다 더 심각한 것은 사울의 통치 아래서 이스라엘은 계속되는 패배로 휘청거리게 되었고, 결국 사실상 블레셋의 속국이 되는 것에 이르게 되었습니다. 그러는 와중에 백성 가운데 한 사람이 일어났습니다. 그 사람은 친히 이스라엘의 병력을 이끌 수 있는 재능을 유례없이 부여받았을 뿐 아니라 하나님은 그 사람을 통해서 하나님의 백성을 구원하실 것이라고 약속하셨습니다. 그럼에도 사울은 자신의 손 안에 이 모든 것을 놓지 않고 잡을 것을 고집했습니다. 그래서 다윗의 자리 한 곳뿐 아니라 더 많은 자리가 비어있게 되었습니다.

우리가 식탁의 주인으로 남아 있으면서 우리의 잘못을 고백하려 하지 않고 우리 자신의 손안에 모든 것을 잡으려고 하는 한, 우리 역시 패배에서 패배로 계속 이어질 것입니다.

하지만 그럴 때조차도 우리 곁에 서서 "그의 손으로 여호와께서 기뻐하시는 뜻을 성취하리로다"(사 53:10)라고 말씀하시는 한 분이 계십니다. 모든 것이 그분의 손이 아닌 우리 손 안에 있습니다. 그러나 모든 것이 그분의 손 안에 있다면, 얼마나 달라지겠습니까! 반대로 우리가 식탁의 주인의 자리에서 내려오기를 원하지 않고 예수님의 자리가 비어있는 한, 모든 것은 점점 더 악화됩니다.

5. 식탁의 주인으로서의 다윗

우리는 이 식탁에 대하여 몇 장 앞에서 많은 부분에 걸쳐 살펴보았습니다. 이제 사울이 주인이 된 만찬 식탁과 다윗이 주인이 된 다른 식탁을 대조하기 위해서 다시 한 번 상고해 보고자 합니다. 이를 위해서 우리는 사무엘하 9장에 길게 이어지는 내용을 살펴보아야 합니다. 우리는 여기서 너무나 다른 장면을 보게 됩니다! 수많은 세월이 흘러 믿기 어려운 일이 일어났습니다. 한때 핍박을 받아 도망다니던 바로 그 젊은이가 이제 이스라엘 전역을 다스리는 왕이 되었습니다. 사울은 전투에서 목숨을 잃었고 그의 집과 자손들은 모두 깨졌고 땅도 모두 몰수되었습니다. 다윗에게 큰 슬픔은 요나단 또한 전투에서 죽었다는 것이었습니다. 다윗은 이제 식탁의 주인이 되었고 마침내 왕이 되었습니다. 그가 처음으로 행한 행적 중에 하나는 아래와 같은 놀라운 말을 한 것이었습니다.

> 사울의 집에 아직도 남은 사람이 있느냐 내가 요나단으로 말미암아 그 사람에게 은총을 베풀리라(삼하 9:1).

왕이 된 자가 "이전 왕가의 남은 자가 있느냐"라고 묻는 것은 아주 일반적인 말이었습니다. 보통 왕의 첫 번째 행적은 이전 왕의 모든 후손을 제거하여 왕좌에 오른 그의 권위에 도전할 자가 아무도 없게 만드는 것입니다. 그래서 사람들이 왕에게서 "사울의 집에 아직 남은 자가 있느냐…"라는 말을 들었을 때, 그들은 다윗이 남은 자를 제거하기 위해서 묻는 것이라고 생각했습니다. 그러나 다윗이 "…내가 요나단으로 말미암아 그 사람에게 은총을 베풀리라"는 말을 다 마쳤을 때, 그 말을 들은 사람들은 너무도 놀랐습니다. 이 말은 통상적으로 왕들이 말하는 것과 다르기 때문입니다.

그러나 다윗과 요나단 사이에는 언약이 있었고 다윗은 요나단의 자손에게 "다윗의 은총을 끊지"않을 것을 약속했습니다. 다윗은 왕좌에 오르게 되었을 때, 요나단을 위하여 남아 있는 자에게 은총을 베풀기를 원했습니다. 그래서 다윗이 그 가련하고 깨진 가정에 남은 자가 있는지 물어 보았던 것입니다. 그리고 양 다리가 절름발이인 요나단의 아들 한 명이 남아 있음을 알게 되었습니다. 그가 요나단의 아들이라는 사실이 다윗을 매우 기쁘게 했습니다! 사무엘하 4:4에서 요나단이 길보아 산 전투에서 죽게 되었을 때, 즉 16년 전, 므비보셋은 5살의 아이였습니다. 절망적인 패배와 요나단의 죽음의 소식을 그의 집에서 듣게 되었습니다.

사울의 아들 요나단에게 다리 저는 아들 하나가 있었으니 이름은 므비보셋이라…그 유모가 안고 도망할 때 급히 도망하다가 아이가 떨어져 절게 되었더라(삼하 4:4).

이것은 의심할 나위 없이 다윗의 마음을 움직였습니다. 므비보셋은 요나단의 아들일 뿐만 아니라 아버지의 죽음의 소식으로 인해 절름발이가 되었기에, 다윗은 아주 깊이 슬퍼하게 되었습니다. 그래서 다윗은 즉시 "가서 그를 데리고 오라"고 말했습니다.

다윗이 므비보셋을 대하는 태도에서 이전에 보여 주었던 어떤 모습보다 더 하나님의 성품을 잘 보여 주었습니다. 또한 다윗은 하나님이 그에게 하신 것처럼 자신이 행동하고 있다는 것을 알았고 또 그렇게 하기를 원했습니다. 왜냐하면 두 절 뒤에 다윗은 "…내가 하나님의 은총을 베풀고자 하노라"고 말하였기 때문입니다. 첫 번째 구절에서 은총은 단순한 '은총'을 의미하는 것이 아니라 어떤 특별한 종류의 은총, 즉 '하나님의 은총'을 말하는 것입니다. 하나님이 다윗을 양들을 돌보는 가운데 불러내셨을 때, 지난 수많은 고통 가운데 인도하셨을 때, 그의 원수들로부터 구출해 주셨을 때, 자격이 없는데도 다윗을 왕좌에 세우셨을 때, 다윗은 하나님의 은총을 맛보았습니다. 그래서 그는 사울의 집에 이 동일한 은총을 베풀기를 간절히 원했습니다. 사울이 주인이었을 때의 식탁과 비교해 볼 때 얼마나 다른 장면입니까!

이것은 죄인에게나 혹은 실패한 성도에게 동일하게 해당하는 장면입니다. 일단 깨져서 자신의 잘못을 인정하고 자신이 버림받은 왕이라는 것을 받아들이게 되면, 예기치 못한 새로운 국면을 맞이하게 됩니다. 내가 식탁의 주인이 아니라 은혜의 하나님이 식탁의 주인이 되시는 것입니다. 하나님이 그곳에 앉으셔서 한때 하나님의 원수였던 자들에게 은총을 베푸십니다. 우리는 우리 식탁에서 예수님을 제외시켰음에도 예수님은 항상 그분의 식탁에 우리를 위한 자리를 남겨놓으셨습니다. 이 얼마나 참으로 관대한 대우입니까!

그래서 이 이야기는 성경에 나오는 하나님의 은혜를 그림처럼 가장 잘 보여주는 실례들 중에 하나입니다. 은혜는 받을 자격 없는 자들에게 베푸시는 하나님의 사랑입니다. 받을 자격없는 자라는 말에 특별히 강조를 합니다. 디도서 2장의 바울의 편지에서(11절) "모든 사람에게 구원을 주시는 하나님의 은혜가 나타나"라는 말씀을 우리는 보게 됩니다. 디도서 3:4-5에서 은혜는 "우리 구주 하나님의 자비와 사람 사랑하심이 나타날 때에 우리를 구원하시되 우리가 행한 바 의로운 행위로 말미암지 아니하고"라는 말씀으로 정의되었습니다. 주님의 성품 가운데 이 아름다운 속성인 은혜가 로마서의 바울의 편지에서 더 깊게 설명되었습니다.

> 만일 은혜로 된 것이면 행위로 말미암지 않음이니 그렇지 않으면 은혜가 은혜 되지 못하느니라(롬 11:6).

은혜가 참으로 은혜가 되려고 하면, 은혜의 수혜자는 반드시 받을 자격이 없어야 하고 아주 비참한 상태에 처해 있어야 합니다. 므비보셋은 확실히 이러한 요건을 갖춘 자였습니다.

6. 원수

먼저 므비보셋은 원수였습니다. 그는 다윗에게 너무나 많은 부당한 짓을 했던 원수의 집에 속한 자였고 다윗에게 왕위를 요구할 가능성이 있는 자였습니다. 그러나 다윗은 "원수이든 아니든 상관없이, 나는 그에게 은총을 베풀 것이다"라고 말했습니다.

우리도 개인적으로 하나님의 아들에게 원수의 역할을 해 왔습니다. 우리는 예수님이 우리 자신을 대신하게 되는 것에 대하여 좋아하지 않았고, 그러한 우리의 태도로 인해 예수님은 사실상 우리의 식탁에서 쫓겨나게 되었습니다. 하지만 원수든 아니든, 하나님은 우리에게 은총을 베푸시기로 작정하셨습니다. 비록 우리는 하나님의 아들을 우리의 식탁에서 쫓아내었지만, 예수님은 그분의 식탁에 우리를 위한 자리를 마련해 놓으셨습니다.

7. 두발 모두 절름발이

므비보셋은 원수 집안의 자손이었을 뿐만 아니라 양쪽 다리를 모두 저는 절름발이였기 때문에, 외모도 그렇게 매력적인 사람은 아니었습니다. 이 자가 걸으려고 하는 것을 보는 것은 참으로 가련한 모습이었습니다. 그러나 다윗은 말했습니다.

> 그가 절름발이든 아니든 상관없이, 내가 그에게 은총을 베풀 것이고, 그는 왕의 아들 중의 한 사람처럼 나의 식탁에 앉게 될 것이다.

우리도 또한 아담의 타락을 통해서 두 발을 모두 저는 절름발이가 되었습니다. 여러분은 자신이 절름발이라는 것을 발견하지 못했습니까? 저는 확실히 경험했습니다. 보통 한 다리가 다른 다리보다 더 절름거립니다. 한 다리는 약속이라고 불리는데, 저는 아주 놀라운 약속을 할 수 있습니다. 그러나 또 다른 발은 행함이라고 불리는데 그것이 더 절름거리는 발입니다. 제가 하겠다고 약속한 것들을 행하지 않습니다. 그리고 다시는 하지 않겠다고 약속한 것들을 또 행합니다. 바울은 그의 저는 다리로 인해 고통을 받았습니다. 여러분의 다른 발도 역시 절름거릴 수 있습니다. 여러분은 과거에 아주 많이 했던 약속을 지키지 못했기 때문에, 이제는 더 이상 어떤 약속도 할 수 없다고 느낍니다. 우리 모두는 이와 같이 므비보셋과 아주 비슷한 부류입니다. 그러나 하나님은 이렇게 말씀합니다.

> 절름발이는 절름거리는 그대로 나아오라. 내가 그들에게 은총을 베풀 것이다.

8. 빵이 없음

므비보셋에 관한 세 번째 사실은, 그가 히브리어로 '아무것도 없다'라는 뜻의 로드발 지역에 살아야 했다는 것입니다. 로드발은 기근이 매우 빈번히 일어나는 곳으로 수확을 거의 할 수 없는 지역이었습니다. 므비보셋은 극도로 궁핍한 생활을 했으며 배고픔을 채울 수 있는 것이 아무것도 없었습니다. 그러한 므비보셋에게 다윗은 "로드발에 있든지 다른 곳에 있든지 그가 어디에 살고 있는가는 개의치 않는다. 그가 받으리라고 결코 상상도 못한 은총을 내가 그에게 베풀 것이다"라고 말했습니다. 우리도 마찬가지입니다. 로드발에서 아주 비참한 상태로 만족하지 못하고 빈털터리로 살고 있는 우리도 역시 이 거룩한 은혜의 수혜자들입니다. 그렇지 않다면 은혜가 은혜 되지 않았을 것입니다. 그래서 하나님이 지금 이 순간에도 말씀하십니다.

> 네가 로드발에 산다 할지라도 나는 필요 이상으로 채워줄 것이고, 너를 위하여 삶을 변화시킬 은총을 너에게 베풀 것이다.

9. 요나단을 위하여

무엇보다도 가장 중요한 것은 이러한 넓고 관대한 마음과 은총이 요나단을 위하여 므비보셋에게 베풀어졌다는 것입니다. 다윗에게 온갖 고통을 일으켰던 사울의 온 집이 요나단을 향한 다윗의 사랑에 의하여 구속되었습니다. 므비보셋은 처음에 그가 어떻게 이렇게 어마어마한 은총을 받을 수 있게 되었는지 그리고 이것이 계속되는 은총인지에 대해 어안이 벙벙했을 것입니다. 므비보셋은 다윗이 자신을 싫어하지 않으리라는 것을 어떻게 알았습니까? 무엇보다도 가장 중요한 것은 왕위를 위협할 가능성이 있는 모든 자들을 대하는 보통의 방법과 다르게 다윗이 자신을 대할 것이라는 것을 므비보셋은 어떻게 확신할 수 있었습니까?

> 무서워하지 말라 내가 반드시 네 아버지 요나단으로 말미암아 네게 은총을 베풀리라(삼하 9:7)

다윗이 이렇게 말했을 때, 므비보셋의 모든 두려움은 잠잠해졌습니다. 의심할 여지없이 므비보셋은 일찍이 그의 아버지가 다윗에게 얼마나 특별한 존재였는지에 대하여 그리고 두 사람 사이에 맺어졌던 사랑의 끈에 대하여 자신을 데리러 온 사람들을 통해서 들었습니다. 므비보셋은 또한 다윗과 그의 아버지 사이에 맺어진 맹세, 즉 그의 아버지의 자손을 귀하게 여길 것이라는 그 맹세에 대하여도 알았을까요? 므비보셋이 몰랐다고 할지라도 다윗이 그 맹세에 대하여 그에게 말했을 것이라고 확신합니다.

그 결과 므비보셋의 두려움은 사라졌고 그에게 수여된 은총을 감사와 확신으로 받았습니다. 그래서 므비보셋은 자신을 "죽은 개 같은 나"(삼하 9:8)라고 언급할 수 있었고, 다윗이 자신에게 베푸는 은혜는 자신 때문이 아닌 다윗에게 소중한 요나단의 이름 때문이라는 것을 알고 다윗의 마음이 변하지 않을 것을 알았습니다.

요나단을 위하여 므비보셋에게 베풀어진 은총에 대하여 그리고 므비보셋이 다윗에게 받아들여지게 된 이유를 제공한 사람의 가치에 대하여 깊이 생각해 볼 때, 우리는 아직은 아니지만 앞으로 오게 될 복된 소식의 종소리가 멀리서 희미하게나마 울리는 것을 듣게 됩니다.

> 자녀들아 내가 너희에게 쓰는 것은 너희 죄가 그의 이름으로 말미암아 사함을 받았음이요(요일 2:12).

즉 예수님의 이름으로 인한 것입니다. 우리는 지금까지 예수 그리스도의 모습을 요나단보다 다윗을 통해서 보고 있었지만 그 원리는 똑같습니다. 가치 없는 자가 가치 있는 자의 공로 덕분에 받아들여졌습니다. 이것이 확실히 하나님에 의하여 우리에게 주신 구원의 방식입니다. 즉 하나님의 은혜가 예수님 때문에 우리에게 오게 되었습니다.

> 나는 그분의 공로 위에 서게 되었네.
> 다른 기반은 알지 못하네.
> 영광이 둘러선 곳이 아닌
> 임마누엘의 땅에.

이제 다윗과 요나단 사이의 언약을, 아들을 믿는 모든 자에게 주시는 보증에 대한 아버지와 아들 사이의 영원한 언약으로 잠시 옮겨가 보려고 합니다. 다윗이 결국 궁중을 떠나 방황하는 도망자의 삶을 시작해야 하는 것이 분명해졌던 그날에 이루어진 언약을 좀 더 자세히 살펴보도록 하겠습니다. 그 언약은 처음에 요나단의 주장으로 이루어졌습니다. 그러나 다윗은 그것을 확고한 맹세로 승인했습니다. 요나단은 이렇게 말했습니다.

너는 내가 사는 날 동안에 여호와의 인자하심을 내게 베풀어서 나를 죽지 않게 할 뿐 아니라 여호와께서 너 다윗의 대적들을 지면에서 다 끊어 버리신 때에도 너는 네 인자를 내 집에서 영원히 끊어 버리지 말라 하고 이에 요나단이 다윗의 집과 언약하기를 여호와께서는 다윗의 대적들을 치실찌어다 하니라. 다윗에 대한 요나단의 사랑이 그를 다시 맹세하게 하였으니 이는 자기 생명을 사랑함 같이 그를 사랑함이었더라(삼상 20:14-17).

언약은 두 부분으로 되어 있습니다.

첫째, 언약은 다윗이 왕이 되었을 때 요나단의 개인적인 생존과 관련된 것입니다. 요나단은 다윗이 왕이 될 것이 분명하다는 사실을 알았고 그것을 기뻐하였습니다. 그러나 요나단은 자신이 왕위를 찬탈할 경쟁자로 취급되지 않도록, 즉 죽지 않도록 다윗이 '하나님의 은총'을 그에게 펼쳐 보일 것에 대하여 확실히 하기를 원했습니다(똑같은 구절이 다시 나옵니다. 그대는 나에게 하나님의 은총을 베풀어 주십시오. 즉 하나님이 자비하신 것처럼 나에게 자비를 베푸시고 하나님이 은혜로우신 것처럼 동일한 은혜를 나에게도 베풀어 주십시오). 물론 그들의 서로를 향한 사랑은 다른 무엇과도 바꿀 수 없는 사랑이었고 그 맹세는 즉시 주어졌습니다.

둘째, 요나단의 더 긴급한 우려는 그의 자손에 대한 것이었습니다. 즉 요나단이 살아있는 동안 이 은총을 누릴 뿐 아니라 다윗의 은총이 그의 집에서 영원히 끊어지지 않게 해 달라는 것이었습니다. 그들의 사랑 때문에 그 언약의 내용도 역시 확고해졌습니다. 그것은 사랑에 기초한 언약이었습니다. 처음에는 요나단을 향한 다윗의 사랑이었고 이후에 그 사랑은 모든 요나단의 자손에게까지 확대된 것입니다. 오랜 세월 뒤에 므비보셋은 바로 자신의 생명에 대한 은혜를 입고 그 언약으로 인한 번영을 혼자서 누렸습니다.

우리가 하나님께 받아들여지는 것도 역시 사랑에 기초한 언약에 근거를 두고 있습니다. 우리의 사랑은 언제든지 깨질 수 있기 때문에 이 언약은 하나님을 향한 우리의 사랑에 근거를 두지 않습니다. 또한 우리를 향한 하나님의 사랑이 아니고, 아들을 향한 아버지의 사랑의 언약에 근거한 것입니다. 예수님은 여러 곳에서 자신을 향한 아버지의 사랑에 대하여 말씀하셨습니다. 이는 삼위일체 안에서 함께 유지되는 언약의 일부분입니다.

> 아버지께서 아들을 사랑하사 만물을 다 그의 손에 주셨으니(요 3:35).
> 아버지께서 아들을 사랑하사 자기의 행하시는 것을 다 아들에게 보이시고(요 5:20).
> 내가 내 목숨을 버리는 것은…아버지께서 나를 사랑하시느니라(요 10:17).

아들을 향한 아버지의 그 사랑은 아들을 믿음으로 연결된 모든 자를 포함하여 확대되었습니다.

> 나를 사랑하신 사랑이 그들 안에 있고…(요 17:26).
> 아버지께서 친히 너희를 사랑하심이라(요 16:27).

이 언약은 확실히 그 자손을 갖게 되실 하나님의 아들에 관한 언약이었습니다. 이사야 53:8에서 "그 세대 중에 누가 생각하기를 그가 살아있는 자들의 땅에서 끊어짐은"이라고 말하기 때문에 마치 예수님께 자손이 없는 것처럼 보입니다. 그러나 자손이 없이 끊어지고 그분의 이름을 이을 어떤 자도 없다는 것은 유대인들의 시각에서 퍼붓는 비난이었습니다. 이사야 53:10은 "그의 영혼을 속건제물로 드리기에 이르면 그가 그 씨를 보게 되며"라고 말하고 있습니다. 예수님은 결국 자손을 가지게 되어 있습니다!

시간이 지나서 예수님은 아버지께서 그분에게 주신 사람들에 대하여 다시 말씀하고 계십니다(요 6:37, 39; 17:6, 12, 24). 이 언약은 특히 그 자손에 대한 것입니다.

여러 구절을 통해 이 언약은 아담의 후손 가운데 명시되지 않은 아주 광대한 숫자의 사람들이 아버지에 의해 아들에게 주어졌다는 것, 아들이 인간의 죄를 위하여 대속 제물로 예정되었다는 것, 아들이 행한 것으로 인해 아버지는 아들을 믿는 모든 자들을 영접하도록 자신을 보증하셨다는 것을 선언하고 있습니다. 하나님 아버지는 그 수혜자가 어떤 절름발이일지라도 그리고 그분의 원수들이 될 수도 있는 자들에게 아주 많은 이익이 간다고 할지라도 아들과 맺은 이 언약을 반드시 지키십니다. 그것이 아들을 향한 아버지의 사랑인 것처럼 또한 아들의 자손인 모든 자들을 향한 아버지의 사랑인 것입니다.

하나님께 사랑스럽고 너무나도 사랑스러운,

나는 결코 될 수 없을 정도로 몹시 사랑스러운.
아버지가 아들을 사랑하시는 그 사랑
나를 향한 그분의 사랑도 그와 같네.

이제 우리는 하나님의 언약적 선하심이 예수님으로 인해 우리에게 확대되고 많은 자들을 포함하게 되었다는 것을 반드시 이해해야 합니다. 우리 모두에게는 하나님이 우리를 축복하셔야 하는 어떤 자질이나 태도를 우리 안에서 찾으려는 경향이 있기 때문에 그것을 찾기 위해 노력하지만 결국 발견하지 못하고, 좌절하고 슬퍼한다는 사실을 이해하는 것은 매우 중요합니다. 그래서 여러분은 쓸데없이 노력하거나 슬퍼할 필요가 없습니다. 하나님이 예수님 때문에 절름발이인 우리를 축복하고 받아들이시기 때문입니다. 여러분이 므비보셋보다 더 나을 것이 없는 절름발이인 자신의 위치를 받아들인다면, 우리는 더 이상의 어떤 노력 없이도 하나님 앞에 받아들여지기에 조금도 부족함이 없는, 그리스도 안에서 '완전한' 자로(골 2:10) 인정될 것입니다. 하나님은 여러분의 절뚝거리는 다리를 보지 않고, 우리의 요나단과 우리를 위해서 흘리신 그분의 보혈의 가치를 보십니다. 그러나 여러분은 이렇게 말할 수도 있습니다.

> 저는 구원받은 이후 하나님께 실망만 끼쳤습니다. 언젠가 하나님이 제 구원에 대한 마음을 바꾸실까봐 두렵습니다.

하지만 우리 자신의 의로움 때문에 하나님이 먼저 여러분을 받아들인 것이 아니라는 사실을 스스로에게 상기시킬 필요가 있습니다. 하나님이 말씀하신 대로 우리 자신은 변할지라도 그로 인해 하나님은 우리를 결코 포기하지 않으십니다. 앞으로 우리 자신에게 이 복음을 외쳐야 할 때가 끊임없이 찾아올 것입니다.

10. 회복

이제 므비보셋을 향한 이 은총은 실제적으로 어떻게 이루어졌습니까? 먼저 다윗은 "내가 네 할아버지 사울의 모든 밭을 다 네게 도로 주겠고"(삼하 9:7)라고 말했습니다. 그 땅은 사울이 쓰러졌을 때 몰수되었습니다. 그러나 다윗은 요나단 때문에 그 모든 것을 므비보셋에게 다시 회복시켜 주었고, 땅과 재산이 전혀 없던 므비보셋은 다시 부자가 되었습니다.

바로 이것이 참회한 자를 위해서 은혜가 하는 일입니다. 은혜는 죄로 인하여 잃어버린 모든 것을 우리에게 다시 회복시키십니다. 예수님은 우리의 죄를 용서하실 뿐만 아니라 우리가 행한 잘못으로 인하여 일어난 상실까지도 합력해서 선을 이루게 하십니다.

우리는 하나님과의 관계에서, 다른 사람들과의 관계에서, 다른 온갖 종류의 상황에서 얼마나 많이 박탈당했습니까? 우리가 주 안에서 누려야 할 기쁨과 평화가 죄로 인해 망쳐지는 것은 참으로 뼈아픈 상실입니다. 우리가 다른 사람에게 주었던 상처 때문에 그들이 우리를 대적하고 우리를 미워하기도 합니다. 한때 우리의 친구였던 자들이 더 이상 친구가 아니라면 그 얼마나 큰 상실입니까? 그럴 때에 우리는 혼란과 어려움의 다른 상황 가운데서 그 문제와 혼란을 일으킨 원인 제공

자가 우리 자신임을 발견하게 됩니다.

하지만 우리가 잘못했다고 겸손하게 고백할 때, 예수님은 우리가 잃어버린 모든 것을 다시 회복시키시고, 지속적으로 그것을 더 나은 선으로 변화시키십니다. 우리가 잃어버린 것을 회복시키는 것은 예수님이 뛰어나게 잘하시는 일이고, 그 분야에 있어서 예수님은 뛰어난 전문가입니다. 예수님은 우리의 눈물을 어떻게 닦아 주어야 하는지, 우리가 잃어버린 것들을 어떻게 선으로 바꿀 수 있는지를 잘 알고 계십니다.

하나님과 우리의 관계는 예수님이 우리의 대언자로서 하나님 앞에서 나타내시는 그분의 보혈의 가치에 의해서 회복됩니다. 예수님의 만지심으로 다른 사람과의 관계가 치유되고, 오히려 이전에 그들이 맺은 관계보다 더 강하게 됩니다. 그리고 냉담이 변하여 서로를 향한 사랑으로 변하게 됩니다. 망쳐졌던 다양한 상황들에 대해서는, 하늘의 토기장이께서 만드시기에 더 좋아 보이는 다른 그릇으로 각각 다시 만드십니다. 하나님은 처음에 우리가 잃어버린 것보다 더 많은 것이 회복되게 일하십니다. 이것이 진정한 은혜입니다.

예수님 안에서 아담의 자손들이 자랑하네.
그들의 조상이 잃어버린 것보다 더 많은 축복을 받게 되었다고.

11. 왕의 식탁

다윗은 사울의 땅을 회복시켜 주는 것 이상을 약속했습니다. 왕의 아들 중의 한 사람처럼 "너는 항상 내 상에서 떡을 먹을 지니"(삼하 9:7)라고 다윗은 연이어 말했습니다. 그 이후 므비보셋은 왕자들 중의 한 사람처럼 다윗의 아들들과 함께 왕의 식탁에 매일 앉았습니다. 이 얼마나 놀라운 특권입니까! 외국의 대사들과 같은 중요한 사람들은 절름발이가 그 식탁에 앉아있는 것을 보고 놀라움을 표했습니다. 그리고 므비보셋이 다윗을 대적했던 집안의 마지막 남은 자이지만 요나단 때문에 그곳에 머무르게 되었으며, 요나단을 향한 다윗의 사랑 때문에 므비보셋의 자리가 확실하다는 말을 듣게 되었을 때, 그들은 다윗을 향하여 아주 깊은 존경을 나타내었습니다.

이것은 마찬가지로 절름발이인 우리 모두에게도 해당하는 특권입니다. 우리는 왕의 아들 중의 한 사람처럼 매일 은혜의 식탁에 앉게 되었습니다. 왕의 아들들 중의 한 사람으로 인정되어 그 식탁에 앉게 된 사도 요한도 이 특권을 잊을 수가 없었습니다.

> 보라 아버지께서 어떠한 사랑을 우리에게 베푸사 하나님의 자녀라 일컬음을 받게 하셨는가(요일 3:1).

우리는 모두 대적하는 아담의 집 자손들이었는데, 예수님 때문에 왕의 식탁이라는 영광스러운 자리가 우리에게 주어졌습니다.

그러나 여기에 특권 이상의 무언가가 제공되었습니다. 므비보셋은 그 식탁에 계속해서 손님으로 참여할 수 있을 뿐만 아니라 자신을 위해서 준비할 필요가 없었습니다. 식탁의 주인인 다윗이 그에게 필요한 모든 것을 제공하였기 때문입니다. 이제 므비보셋은 자신만의 땅을 다시 갖게 되었기에, 추측컨대 그는 자신의 집에서 필요한 것을 스스로 제공할 수도 있었습니다. 하지만 므비보셋이 이를 제안했을 지라도 다윗이 받아들이지 않았을 것입니다. 므비보셋에게 "너는 나와 항상 함께 먹고 모든 비용은 내가 담당할 것이다"라고 말하면서 그에게 확신을 주었을 것입니다.

이것 또한 참회한 자를 위해 은혜가 하는 일입니다. 참회한 자는 왕의 식탁에 손님으로 앉고, 은혜의 하나님이 식탁에 주인이 되십니다. 식탁을 위한 모든 준비는 손님이 아닌 주인의 몫입니다. 이것이 하나님이 예수님을 통해서 우리에게 가져오신 새로운 관계이고, 그 관계 안에서 하나님은 주인이시고 우리는 단지 손님입니다. 그러나 우리가 주인이 되기를 원하고 예수님은 그저 우리의 손님이 되시길 원하던 때도 있었습니다. 그리고 우리는 주인으로서 예수님을 섬기기 위해서 할 수 있는 최선을 다하려고 노력했습니다. 하지만 예수님과 같은 손님에게 우리가 충분히 대접하는 것은 어려운 일일 뿐만 아니라 결코 잘 수행할 수 없는 일이었습니다.

므비보셋과는 다르게, 우리는 변화된 뒤에도 아무것도 갖고 있지 않았습니다. 아무리 최선의 노력을 해도, 우리의 마음은 예수님을 기쁘시게 하기 위하여 식탁 위에 내놓을만한 것이 전혀 없는 텅 빈 상태였습니다. 그러나 예수님이 주인이 되시자, 상황은 완전히 바뀌었습니다. 예수님을 위해서 무언가를 준비하는 것은 우리가 아니라 우리를 위해서 준비하시는 하나님의 일입니다.

스펄전(C. H. Spurgeon)은 언젠가 "위대한 성인들은 단지 위대한 수혜자들일 뿐이었습니다"라고 말했습니다. 그들은 거룩함도 없었고 예수님께 드릴 그 어떤 것도 없었습니다. 그들에게서 우리가 보는 거룩함은 그들의 주인 되시는 예수님으로부터 계속하여 받은 것들이었습니다. 그리고 그들은 스스로가 거룩함을 갖고 있지 않다고 겸손하게 고백할 때 거룩함을 받았습니다. 여러 부분에서 그렇게 예수님께 계속적으로 구하여 받았습니다. 그들은 예수님을 위해서 필요한 것을 제공하는 주인들이 아니었습니다. 그저 단순히 은혜의 식탁에 앉게 된 손님들이었습니다.

> 우리가 다 그의 충만한 데서 받으니 은혜 위에 은혜러라(요 1:16).

이러한 일은 우리가 더 깊은 길로 주님께 돌아갈 때 일어납니다. 그것은 우리가 더 나은 주인이 되어야 한다거나 예수님을 더 잘 섬길 수 있어야 한다는 것이 아닙니다. 만약 여전히 우리가 식탁의 주인의 자리에 남아있으려 한다면, 오래지 않아 예수님은 물러나시게 되고 예수님의 자리는 비어있게 될 것입니다. 우리는 단순히 우리의 필요를 고백하고 그 은혜의 식탁에 앉아 있어야 합니다. 그리고 우리가 죄와 부족함으로 시인한 것들과 정반대되는 것들을 예수님으로부터 받을 것을 기대해야 합니다.

이것이 바로 사울의 집이 패배하여 완전히 깨어졌을 때에, 버림받은 왕의 집을 향해 기름 부음 받은 왕이 보여준 넓고 관대한 마음의 이야기입니다. 이 모든 것은 수년 전에 다윗과 요나단 사이에 맺어진 언약 때문에 일어났습니다.

12. 맹세는 여전히 유효하다

이 언약이 몇 장 뒤, 또 다른 곳에서 언급된다는 사실에 특별히 주목해야 합니다. 그리 친숙한 이야기가 아니기에 대략의 줄거리를 간단하게 요약합니다. 우리가 지금까지 살펴본 사건이 일어난 지 수년 후, 3년 동안 그 땅에 기근이 있었습니다(삼하 21:1-14). 다윗은 첫 2년 동안 계속 이어지는 기근에 특별한 의미가 있을 것이라고 생각하지는 않았습니다. 그러나 기근이 3년 째 계속되자, 다윗은 하나님의 일하심을 의식하기 시작했고 하나님께 물어보게 되었습니다. 그러자 칼날같이 빠르게 하나님의 응답이 왔습니다.

> 이는 사울과 피를 흘린 그의 집으로 말미암음이니 그가 기브온 사람을 죽였음이니라.

여호수아 시대에 이스라엘은 기브온 사람들을 살려주겠다고 맹세를 하였습니다. 이는 주님의 이름으로 서약된 것이었기 때문에 이 서약이 속임수로 얻어진 것이라 할지라도, 이스라엘 백성은 그 서약을 거역할 수 없었습니다. 그래서 이스라엘 백성은 하나님이 주신 땅에 이미 거주하던 다른 민족은 제거한 반면에 기브온 사람들은 "나무를 패며 물을 긷는 자"(수 9:23)로 삼았습니다.

하지만 수년 뒤, 사울은 이스라엘을 향한 지나친 열심으로 인해 그 서약을 깨고 그들 중 많은 사람을 죽이고 그들의 땅도 약탈했습니다. 물론 다윗이 그 죄를 범한 것은 아니었지만 지금은 그가 그것을 바로 잡아야 할 위치에 있었기에, 하나님은 다윗이 그렇게 하기를 기대하셨습니다. 그래서 다윗은 속죄를 하기 위하여 무엇을 해야 할지 기브온 사람들에게 물었습니다. 그들은 손해 배상으로 돈을 달라고 하지 않았습니다. 그들의 요구는 이러했습니다.

> [사울의 집] 자손 일곱 사람을 우리에게 내주소서 여호와께서 택하신 사울의 고을 기브아에서 우리가 그들을 여호와 앞에서 목 매어 달겠나이다"(삼하 21:6).

하지만 사울 집안에서 남아있는 남자 자손은 그렇게 많지 않았습니다. 사울의 첩의 아들이 몇 명 있었고, 그의 결혼한 딸들 중의 한 사람에게 아들들이 있었습니다. 그리고 므비보셋이 있었습니다. 므비보셋이 그 일곱 명 중에 한 사람으로 선택될 가능성이 분명히 있었습니다. 한때 므비보셋은 그의 할아버지의 죄 때문에 죽을지도 모르는 처지처럼 보였습니다. 그런데 우리는 므비보셋을 위하여 놀랍게도 죽음을 면하도록 확증해주는 말을 듣습니다.

> 그러나 다윗과 사울의 아들 요나단 사이에 **서로 여호와를 두고 맹세한 것이 있으므로** 왕이 사울의 손자 요나단의 아들인 므비보셋을 아끼고(삼하 21:7).

그 언약은 여전히 유효했고 이 마지막 도전 앞에서도 파기되지 않았습니다. 므비보셋은 그의 생명을 유지하게 되었고, 그는 일곱 명 중에 포함되지 않았으며, 은총을 위한 그의 자리는 변하지 않은 채 여전히 남아 있었습니다.

다소 이상하고 무서운 이야기지만 우리에게 의미있는 이야기입니다. 다윗과 요나단 사이에 주님의 맹세가 언급된 한 구절을 강조하면서 그 의미를 말할 것입니다. 우리에게 새롭게 반전된 사건들, 우리 안에서 새롭게 드러난 죄, 우리에게 닥친 어떤 불행한 사건이나 거의 죽음 직전까지 간 그러한 사건들로 인해, 우리는 그리스도의 피 안에 있는 언약이 변하게 될지도 모른다는 두려움을 느꼈던 적이 여러 번 있었을 것입니다. 은혜와 예수님의 보혈의 능력에 대한 우리의 믿음이 흔들리기도 합니다. "내가 이런 지경에 처하게 되었는데도 여전히 그 언약이 유효할까?" "나와 같은 이런 죄인을 위해서도 여전히 왕의 식탁에 자리가 남아 있을까?" 하고 우리는 자신에게 물어봅니다.

확신하십시오. 그 언약은 여전히 유효하고, 예수님의 피는 여전히 죄를 위해서 유효하고, 은혜는 여전히 은혜입니다. 다윗이 단지 그 자신과 요나단 사이에 있었던 주님의 맹세로 인해, 므비보셋이 사울의 자손이었음에도 그를 아꼈다면, 하나님은 더 확실하게 여러분이 아담의 자손임에도 불구하고, 하나님 자신과 그 아들 사이에 세우신 더 위대한 맹세로 인해 여러분을 아끼실 것입니다.

> 그분의 맹세, 그분의 언약 그리고 피
> '쏟아지는 홍수' 속에서도 나를 붙잡아 주시네.
> 내 영혼 주변의 모든 것이 사라질 때도
> 그분은 여전히 나의 모든 소망이고 나와 함께 계시네.

7장
내게 무슨 공의가 있겠습니까…
그로 그 전부를 차지하게 하옵소서

내 아버지의 온 집이 내 주 왕 앞에서는 다만
죽을 사람이 되지 아니하였었나이까
그러나 종을 왕의 상에서 음식 먹는 자 가운데에
두셨사오니 내게 아직 무슨 공의가 있어서
다시 왕께 부르짖을 수 있사오리이까

(삼하 19:28)

이 시점에서 우리는 "은혜가 실제 상황에서 정말로 작용을 하는가"라는 질문을 당연히 하게 됩니다. 은혜가 긍정적인 열매를 맺을 수 있습니까? 하나님 은혜의 주요한 수혜자는 죄인이고 실패한 성도와 같다는 것을 고려할 때, 하나님 은혜의 가장 중요한 활동은 죄를 짓고 실패할 때마다 그것을 회복시키는 것입니다. 그렇다면 인간은 항상 실패자로 남아 있게 되고, 하나님의 은혜로 회복되는 이러한 경험이 긍정적인 거룩함으로 인도하지 못한다는 생각을 할 수도 있습니다. 어떤 사람들은 인간을 미래에는 좀 더 높은 단계에 오르도록 자극하기 위해서, 반드시 하나님의 율법의 엄격한 가르침을 은혜의 메시지에 섞어야 한다고 말합니다. 하지만 그러한 생각은, 인간이 절름발이이고 혼자의 힘으로는 더 높은 단계에 결코 이를 수 없다는 사실을 고려하지 않은 것입니다. 므비보셋은 다윗의 식탁에 앉았을 때에도, 여전히 그의 두 발을 절뚝거렸습니다.

어떤 경우에도 거룩함을 맺기 위해서 법을 은혜에 섞을 필요는 없습니다. 하나님의 은혜는 오직 은혜의 능력으로서 율법의 메시지가 결코 하지 못하는 방법으로 거룩함을 맺을 수 있기 때문입니다. 은혜는 그것을 베푸시는 자를 향한 사랑을 일으킵니다. 사랑이 이번에는 죄에 대한 미움, 자기 굴복, 지치지 않는 봉사, 이 모든 것과 함께 다른 사람들을 향한 새로운 태도를 낳게 합니다.

> 나는 내 영혼을 구원하기 위해 아무것도 할 수 없다네.
> 나의 주님이 전부 하셨기 때문이네.
> 그래서 나는 노예처럼 일하고 싶다네.
> 하나님이 사랑하시는 아들의 사랑 때문에.

제가 아는 많은 사람들 가운데 은혜의 완전한 메시지에 반응하고 그들 자신을 므비보셋이라고 생각하고 이와 같은 방법으로 주님과 함께 걸어가면서 거룩함에 이르고 너무도 아름답게 성숙해가는 모습을 지켜본 적이 있습니다. 진정한 거룩함은 스스로 잘 의식하지 못하기 때문에 그들 자신은 이를 크게 염두에 두지 않습니다. 하지만 두 다리로 걸어

다니는 거룩함을 저는 실제로 보았고 경탄했던 적이 있음을 말할 수 있습니다.

은혜의 메시지가 인간의 삶에 만드는 차이점은 므비보셋과 다윗의 이야기에서 잘 나타납니다. 그것은 우리가 지금까지 보아왔던 사무엘하 9장에서 끝나지 않습니다. 열장 뒤에 그 이야기의 속편이 나옵니다. 여기서 므비보셋이 자신을 향한 다윗의 은혜를 경험한 것이 그를 완전히 사로잡아서 그의 태도를 바꾸게 했음을 우리는 보게 됩니다. 다윗에게 뿐만 아니라 그에게 잘못을 저지른 다른 사람들, 잘못된 행동으로 므비보셋의 모든 땅을 다시 잃게 되는 어려움을 겪게 만든 그 사람에게도 므비보셋의 태도가 변하게 됩니다. 이와 같은 상황에서 우리는 은혜가 열매 맺는 거룩함을 실로 보게 됩니다. 그리고 우리가 하나님의 은혜를 진실로 아는 것이 어느 정도인지를 판단할 수 있게 됩니다.

므비보셋과 관련된 이 실제적인 상황으로 이끈 사건에 대하여 모든 독자가 그렇게 잘 알지 못하기 때문에 그 사건을 다시 이야기하고자 합니다. 다윗은 두 번 도망자의 신세가 되었습니다. 첫 번째는 사울의 핍박때문이었고, 두 번째는 교활함으로 "이스라엘 백성의 마음을 훔친"(삼하 15:6) 그의 아들 압살롬의 반란 때문이었습니다. 그 결과 다윗은 몇 백 명의 충성스러운 사람들과 함께 그 도시에서 도망쳐야 했습니다. 사울 때문에 겪은 피난의 경험이 고통스러웠다면, 자신의 아들로 말미암은 피난의 경험은 더욱더 고통스러웠습니다.

다윗이 그 도시에서 도망치자, 여러 부류의 사람들이 함께 하기 위하여 합류했고, 그들은 아주 실제적인 방법으로 다윗을 향한 자신들의 지지를 나타냈습니다. 이 사람들 중에 한 사람은 한때 사울의 종이었던 시바였는데, 다윗은 그를 므비보셋의 종으로 삼아 그의 가정을 다스리도록 했습니다. 시바는 당나귀에 양식을 싣고 다윗과 그의 사람들에게 찾아갔습니다(삼하 16:1). 므비보셋이 어디에 있는지 묻는 질문에 시바는 악한 거짓말을 했습니다.

> 예루살렘에 있는데 그가 말하기를 이스라엘 족속이 오늘 내 아버지의 나라를 내게 돌리리라 하나이다(삼하 16:3).

하지만 이것은 사실이 아니었습니다. 므비보셋은 다윗에

게 충성을 다하였습니다. 다윗이 도망가 있는 동안 므비보셋은 절름발이 발을 맵시내지 아니하고, 수염을 깎지도 아니하고, 옷을 빨지도 아니하고, 왕을 잃은 것에 대하여 매우 깊이 슬퍼하였습니다. 그리고 이 상황을 이용하여 사울 집의 이전 권리를 회복하려는 생각은 그의 머릿속에 들어있지도 않았습니다. 시바의 말은 계략적으로 만들어진 말이었지만, 다윗은 그 거짓말을 믿었고 실망과 분노로 므비보셋에게 주었던 모든 땅을 시바에게 넘겨주었습니다. 그 이후 그 땅은 시바의 것이 되었습니다.

이제 압살롬이 전투에서 죽고 이스라엘 백성이 다윗을 예루살렘으로 다시 돌아오도록 부르는 이야기로 넘어갑니다. 다윗이 요단강을 건널 때, 여러 주요인사들이 그를 맞이하기 위해서 나왔고, 그들 중에는 므비보셋도 있었습니다. 므비보셋은 그가 늘 하고 있었던 모습 그대로, 슬픔에 쌓여 헝클어진 모습으로 나왔습니다.

> 므비보셋이여 네가 어찌하여 나와 함께 하지 아니하였더냐(삼하 19:25).

다윗의 질문에 대해 므비보셋은 이렇게 대답했습니다. 그의 대답은 우리가 지금 살펴보고 있는 주제와 매우 긴밀하기 때문에 대답 전문을 인용하고자 합니다.

> 내 주 왕이여 왕의 종인 나는 다리를 절므로 내 나귀에 안장을 지워 그 위에 타고 왕과 함께 가려 하였더니 내 종이 나를 속이고 종인 나를 내 주 왕께 모함 하였나이다 내 주 왕께서는 하나님의 사자와 같으시니 왕의 처분대로 하옵소서 내 아버지의 온 집이 내 주 왕 앞에서는 다만 죽을 사람이 되지 아니하였나이까 그러나 종을 왕의 상에서 음식 먹는 자 가운데 두셨사오니 내게 아직 무슨 공의가 있어서 다시 왕께 부르짖을 수 있사오리이까(삼하 19:26-28).

1. 내게 무슨 공의가 있겠습니까?

므비보셋의 말을 자세히 살펴보십시오. 그는 당시 있었던 일들을 그저 있는 대로 말하기 시작했습니다. 시바가 그를 속였습니다. 므비보셋은 다윗과 함께 가기를 계획했고 그의 말에 안장을 채우도록 명령했습니다. 그러나 다윗의 환심을 얻으려고 비열한 계략을 세운 시바가 남아 있던 말 두 마리를 취하여 갔고, 아무런 이동수단도 없는 절뚝발이 므비보셋을 남겨두고 떠났습니다. 그리고 시바는 다윗에게 므비보셋이 왕을 대적하려는 정치적 의도를 갖고 있다고 말하면서 므비보셋에 대하여 중상모략을 했습니다.

그러나 다윗이 돌아왔을 때, 므비보셋의 외모에서 풍기는 너무도 분명한 슬픔의 징후는 시바의 말이 거짓말이었음을 보여주는 뚜렷한 증거가 되었습니다. 므비보셋은 이 모든 말을 자신을 증명하기 위해서도 시바를 비난하기 위해서도 아닌, 예루살렘에 남아있던 사람들 중에서 흔들림 없이 일편단심으로 다윗을 사랑한 사람이 있었다는 것을 다윗에게 알리기 위해서 그저 말한 것뿐이었습니다. 이 모든 말을 하면서 므비보셋은 자기 방어와 같은 말은 한 마디도 하지 않았고, 다윗이 옳다고 생각한 대로 행하도록 모든 것을 다윗에게 맡겼습니다.

그리고 이어서 므비보셋은 자신이 아무것도 요구하지 않고 더 이상의 말도 하지 않는 이유를 설명하기 시작했습니다. 은혜가 어느 정도로 그의 마음을 사로잡고 있었는지 우리는 여기서 보게 됩니다.

첫째, 므비보셋은 자기 아비의 집은 모두 다윗 앞에서 죽은 자들에 불과하다고 말했습니다. 즉 공의에 의하면 그들은 벌써 죽었어야 했습니다.

둘째, 다윗의 넓은 자비의 마음에 의하여 므비보셋은 목숨을 유지하게 되었고, 자신이 받을 자격이 없는데도 받았다는 것을 인정했습니다.

> 그러나 종을 왕의 상에서 음식 먹는 자 가운데에 두셨사오니
> (삼하 19:28).

므비보셋은 자신이 특별한 은혜의 수혜자가 된 것에 대하여 결코 잊을 수가 없었습니다. 이 은혜로 인한 두 가지 사실 때문에, 므비보셋은 자신이 다른 무언가를 요구할 어떤 공의도 없다는 놀라운 결론에 이르렀습니다.

> 내게 아직 무슨 공의가 있어서 다시 왕께 부르짖을 수 있사오리이까
> (삼하 19:28).

므비보셋은 그의 공의로는 결코 더 이상 설 수 없었습니다. 공의로 말하면 그는 이미 죽었어야 했기 때문입니다.

므비보셋의 말 속에 얼마나 아름다운 마음이 담겨 있는지요. "내게 무슨 공의가 있겠습니까…." 그것이 받을 자격 없는 자에게 베푸시는 하나님의 은혜를 경험한 자의 효력입니다. 권리로 하면 우리 모두는 이미 정죄 받았고, 우리의 죄로 인해 지옥으로 보내어졌습니다. 이것이 아담의 집에 속한 모든 자가 마땅히 받아야 할 것입니다.

그러나 예수 그리스도로 인해 우리에게 펼쳐진 하나님의 은혜가 우리를 죄로부터 구속하였고 우리로 하나님의 사랑받는 아들 중의 한 사람으로서 왕의 식탁에 앉을 수 있는 자리를 내어 주셨습니다. 그때 우리가 우리의 권리에 대하여 어떻게 말할 수 있겠습니까? 하나님의 은혜가 우리에게서 그 모든 권리를 영원히 가져 가셨습니다. 은혜로 왕의 식탁에 앉아 있는 우리는 그 어떤 권리도 갖고 있지 않습니다. 이렇게 은혜에는 긍정적인 면과 부정적인 면이 있습니다.

그러나 우리는 이 모두를 잊어버립니다. 우리는 상처받고, 원망하고, 우리의 권리에 대하여 말하고, 우리의 권리를 주장하기 위해서 온갖 종류의 일을 다 하러 갑니다. 하지만 이러한 행동의 유일한 결말은 우리와 다른 사람 사이에 원만하지 못한 관계를 만들어 낼 뿐입니다. 빌립보 교회에 있는 성도들에게 쓴 바울의 편지에서 여러 번 언급된 것을 통해 알 수 있듯이 그것이 빌립보 교회 안에 존재했던 상황이었습니다. 그들 중 몇몇은 서로 관계가 매우 원만하지 않았습니다. 그래서 "그리스도 안에 무슨 권면이나 사랑의 무슨 위로나 성령의 무슨 교제나 긍휼이나 자비가 있거든"(빌 2:1)과 같은 말이 그들에게 의미가 있는지 의심스럽기도 합니다.

참으로 그리스도 안에서 그러한 것들이 있기 위해서, 바울은 "마음을 같이하여 같은 사랑을 가지고 뜻을 합하여 한 마음을 품어"(빌 2:2)라는 편지를 써야 했고, 지금도 우리에게 들려주고 있습니다. 그들에게 이러한 온유한 성품이 없는 것은 한 가지 때문이었습니다. "내게 무슨 공의가 있겠습니까?"라는 므비보셋의 태도와는 거리가 먼 자신의 권리만을 주장했기 때문입니다.

이것이 므비보셋이 말한 은혜의 새로운 경험이 우리에게 필요한 이유입니다. 우리가 처음 회심하였을 때로 돌아가서 받았던 은혜의 경험을 생각해보면 왠지 우리 마음 안에서 경험하는 현재의 태도를 바꾸기에 항상 충분한 것 같지 않습니다. 그러나 우리가 죄에 대하여 새롭게 깨닫게 되고 우리의 실패를 새롭게 고백할 때, 이는 우리에게 하나님의 용서와 회복을 새롭게 경험하도록 인도할 것입니다. 하나님이 우리에게 깊게 관여하시도록 한다면, 지금 우리가 직면하고 있는 실제적인 문제들 앞에 "내게 무슨 공의가 있겠습니까?"라고 말할 수 있도록 확실히 인도될 것입니다.

2. 그로 그 전부를 차지하게 하옵소서

다음의 사건에서 므비보셋이 다윗에게서 받은 은혜가 드러나는 것과 같이, 그 사건은 므비보셋에게 아주 큰 영향을 미쳤습니다. 다윗은 자신이 므비보셋에 대하여 잘못 생각하고 므비보셋의 모든 땅을 시바에게 양도했다는 당황스러운 사실을 알게 되었습니다. 그런데 시바도 다른 사람들과 함께 예루살렘으로 돌아오는 다윗을 환영하는 바로 그 자리에 서 있었습니다. 다윗은 자신의 명령을 쉽게 철회할 수 없었습니다. 왜냐하면 시바는 의심없이 자신에게 양도된 땅을 이미 모두 처리했을 것이기 때문입니다. 그래서 다윗은 "너와 시바는 밭을 나누라"(삼하 19:29)고 말했습니다. 므비보셋은 다윗의 이 말을 듣고 너무도 숭고하고 고결한 말을 다음과 같이 했습니다.

> 내 주 왕께서 평안히 왕궁에 돌아오시게 되었으니 그로 그 전부를 차지하게 하옵소서(삼하 19:30).

과거에 므비보셋을 향한 다윗의 은혜가 다윗 자신을 향한 지극한 사랑을 낳았고, 이제 므비보셋에게는 다윗이 다시 돌아왔기 때문에 땅은 더 이상 그에게 중요한 문제나 고려할 사항이 되지 않았습니다.

우리도 마찬가지입니다. 그리스도를 통하여 하나님의 은혜를 진정으로 경험하면, 수혜자는 항상 그 은혜를 주신 분을 사모하게 됩니다. 주님으로부터 멀리 떨어져 있던 시간 뒤에, 주님을 다시 만나게 된 기쁨으로 인해, 그가 개인적으로 고려하고 있던 문제들을 포기할 수 있을 정도가 됩니다. 다윗의 은혜가 므비보셋으로 하여금 사모하게 만든 다윗과의 교제를 회복케 하고, 그것으로 인한 만족감이 너무나 크기 때문에, 자신의 권리에 대한 집착이나 논쟁에서 이기고자 하는 욕망도 사라지게 되었습니다. 그래서 므비보셋이 말했던 것과 같이 "예, 내 주 왕께서 평안히 왕궁에 돌아오시게 되었으니, 그로 그 전부를 차지하게 하옵소서"라고 말하게 됩니다. 이것이 거룩함이 아니라면 무엇이겠습니까? 그것은 전적으로 은혜를 경험한 자의 열매이고 결코 법이 낳을 수 없는 것입니다.

이와 같은 실례로 동아프리카에서 사업 설계를 시작하기 위하여 최근에 영국을 떠난 자신의 아들과 며느리에 대하여 이야기한 어떤 부인이 기억납니다. 동아프리카로 떠날 즈음에, 그들은 유산을 분배하는 문제로 분쟁에 시작되었고, 이 분쟁은 거의 소송까지 이르게 되었습니다. 그들은 떠나면서 어머니에게 자신들을 위해 계속 싸우도록 주의를 주었습니다. 그런데 동아프리카에서 아들 부부는 아주 열심인 그리스도인들을 만나게 되었고, 그들을 통해서 예수 그리스도가 자신의 주와 구세주임을 발견했습니다.

그 부인은 말하기를, 아들 부부의 모든 편지는 그리스도 안에서 새롭게 발견한 기쁨으로 가득차 있었다고 했습니다. 그 편지에는 유산 문제에 대해서는 어떤 언급도 없었습니다. 그 부인은 처음에 자신의 아들과 며느리를 그렇게도 논쟁하게 만들었던 것들에 대하여 너무도 무관심한 태도를 보고 당황했습니다. 그러나 얼마 후에 그녀 자신도 주님을 알게 되고 나서 그 이유를 알게 되었다고 했습니다! 그 젊은 부부의 태도는 사실상 므비보셋의 태도와 같았습니다.

> 내 주 왕께서 평안히 왕궁에 돌아오시게 되었으니 그로 그 전부를 차지하게 하옵소서.

그러한 태도는 세상 사람들의 눈에 아주 강력한 증거가 됩니다. 하지만 그 반대는 우리를 참으로 혐오스럽게 만듭니다. 우리가 하나님의 은혜를 경험하지 못하고 냉담하고 자기 의에 빠진다면, 우리의 태도는 항상 예수님께 나아와서 "선생님 내 형을 명하여 유산을 나와 나누게 하소서"(눅 12:13)라고 말한 사람의 태도와 같이 될 것입니다. 문제가 되는 것은 역시 예나 지금이나 유산에 관한 것입니다. 그는 예수님이 그의 편에 가담해 주시기를 강력하게 요청하였습니다. 하지만 그는 단지 무뚝뚝한 대답만을 얻었습니다.

> 이 사람아 누가 나를 너희의 재판장이나 물건 나누는 자로 세웠느냐 (눅 12:14).

그것이 우리의 태도라면 예수님은 우리에게 너무나 하찮은 존재라는 것을 의미하게 됩니다. 예수님을 너무도 사랑하고 예수님 안에 있는 그분의 부유함을 볼 수 있는 자는 복이 있는 자며 진정으로 이와 같은 찬송을 부를 수 있습니다.

> 온 세상을 다 가져가십시오. 하지만 나에게 예수님을 주십시오.

이 모든 것이 은혜의 메시지가 낳은 산물입니다.

그러나 하나님의 은혜에 대한 이와 같은 종류의 반응은 쉽게 또는 저절로 일어나는 것이 아니라는 것을 알아야 합니다. '그저 순식간에' 주어지는 것이 아닙니다. 아주 종종 우리의 첫 번째 반응은 잘못된 태도일 때가 많습니다. 우리 안에 있는 옛 아담이 치솟아 올라와서 자신의 권리를 요구하고, 다른 사람이 모든 것을 차지하지 못하도록 하며, 우리는 가장 작은 자가 되기를 거부합니다. 결국 주님이 우리를 다루시고 나서야 우리는 회개합니다.

그때 예수님은 우리로 하여금 "내게 무슨 공의가 있겠습니까…그로 그 전부를 가지게 하옵소서"라는 고백을 하게 하시며 이 평화의 옛 자리로 다시 되돌리십니다. 마침내 우리가 이 은혜로운 태도를 받아들일 때, 우리는 우리 자신에게는 자랑할 것이 아무것도 없고, 모든 좋은 것이 오직 하나님의 용서하심과 예수님의 십자가 아래에서 깨끗케 하심을 받은 결과로서 온다는 것을 고백합니다.

3. 하나님의 위대한 모험

그래서 하나님의 은혜를 받은 사람들 안에서 참으로 거룩함을 맺는 것이 이 은혜이고 하나님의 무조건적인 사랑입니다. 만약 사람이 은혜를 남용하지 못하도록 하나님이 은혜에 대하여 더 엄격해지시거나, 부가적으로 더 많은 엄격한 조건들을 첨가하신다면, 그것은 아마도 신중하지 않는 자들에게는 그들에게 필요한 도전을 주는 것으로 생각될 것입니다.

그러나 그것은 또 다른 사람들을 더 절망 속에 빠지게 만들고 맙니다. 그렇게 첨가된 조건들은 사람들을 죽음에 이르게 할 수도 있습니다. 그들은 그러한 조건을 이행할 수 없을 것이기 때문입니다. 그러면 그들은 어디로 가겠습니까? 그래서 하나님은 전적으로 은혜의 기초 위에서 사람들을 다루시기 위해 계산된 모험을 하기로 결정하셨습니다. 만약 은혜가 사람들을 완전히 변화시키거나 진정한 거룩함을 이루는 동기부여를 하지 못한다면 하나님께서는 다른 방법이 없습니다.

그러나 하나님의 놀라운 모험은 감행되었고, 구속받은 자들의 무수한 변화된 삶이 은혜가 유효함을 증명할 것입니다. 혹 여러분은 이 은혜를 소유하고 있습니까?

8장

기름 부음 받은 왕이지만 온유한 왕

내가 기름 부음을 받은 왕이 되었으나 오늘 약하여서
스루야의 아들인 이 사람들을 제어하기가 너무 어려우니
(삼하 3:39).

다윗은 인생 대부분의 기간에 두 가지 문제를 가지고 싸워야만 했습니다. 다윗의 두 장군, 스루야의 아들들인 요압과 아비새는 다윗의 신하들 중에서 표면적으로는 가장 충성스러운 자들이었습니다. 하지만 그들은 다윗에게 너무나 어려운 자들이었습니다. 그들의 이야기를 간단하게 훑어보고, 우리의 삶에 적용해 보도록 합시다. 그들과 대조적으로 다윗의 진실한 성품이 아주 비범할 정도로 아름답게 드러나는 것을 보게 될 것입니다. 그래서 우리는 예수님의 또 다른 모습 또한 보게 될 것입니다.

다윗을 위한 것이라 생각하고 요압이 한 행동에 대해서 다윗은 다음과 같은 말을 함으로써 자신은 그 일과 관계가 없음을 나타냈습니다.

> 내가 기름 부음을 받은 왕이 되었으나 오늘 약하여서 스루야의 아들인 이 사람들을 제어하기가 너무 어려우니(삼하 3:39).

요압은 사울 가문의 군사력을 통솔하던 아브넬 장군을 죽였습니다. 아브넬이 모든 이스라엘을 다윗의 편으로 데려오기 위해서 다윗과 협상을 막 마치고 돌아가는 길에 요압이 그를 죽인 것이었습니다. 요압은 다윗이 그의 원수들인 아브넬과 그의 대표들에게 연회를 베풀고 평화롭게 돌아가도록 친절을 베푼 것에 대해 이해할 수 없었습니다. 그래서 요압은 자신이 옳다고 생각하는 대로 행했습니다.

요압은 구실을 만들어 아브넬을 헤브론으로 다시 불러들였고, 아브넬에게 평화스럽게 말할 것처럼 그를 가까이 오게 해서는 "배를 찔러 죽였습니다"(삼하 3:27). 하지만 요압의 행동은 다윗을 전혀 만족스럽게 하지 못했고, 단지 더욱 깊은 슬픔만을 가져다 주었습니다. 다윗은 슬픔을 드러내서 표현하였고, 아브넬의 무덤 앞에서 소리를 높여 울면서 그날 석양이 질 때까지 하루종일 음식을 먹지 않았습니다. 그래서 온 이스라엘 백성이 "아브넬을 죽인 것이 다윗 왕이 한 것이 아니었음을 그날에 알게"(삼하 3:37) 되었습니다. 다윗이 그의 신하들에게 "여호와는 악행한 자에게 그 악한 대로 갚으실지로다"(삼하 4:39)라고 말했습니다.

1. 요압, 다윗이 제어하기에 너무나 어려운 자

 아브넬을 죽이는 이 일이 다윗의 신하들 중, 가장 헌신된 자들 중에 한 사람에 의해서 일어났습니다. 요압은 처음부터 다윗과 함께 있었고, 그의 승리뿐 아니라 그가 도망 다녔던 그 시간을 함께 했던 자였습니다. 요압은 자신이 다윗을 위해서라면 무엇이든 할 수 있다는 맹렬한 헌신의 마음을 가지고 다윗을 사랑한다고 생각한 자였습니다. 하지만 다윗이 말한 것같이 그는 다윗에게 제어하기가 너무나 어려운 자였습니다. 몇 년 뒤에, 압살롬의 반란과 그의 죽음 이후에, 요압은 압살롬의 장관중에서 이제 막 다윗의 편이 되려고 하던 아마사를 비참하게 죽였습니다. 이 상황을 다윗의 표현으로 말하자면, 요압은 "태평 시대에 전쟁의 피를 흘렸습니다"(왕상 2:5). "그러나 그들은 다윗의 원수"였기 때문에 요압은 이렇게 하는 것이 정당하다고 말했을 것입니다. 맞습니다. 하지만 다윗의 온유한 외교술의 결과로서, 그들은 다윗의 친구가 되어가는 과정 중에 있었는데, 요압이 모두 망쳤습니다.

이러한 무자비함은 요압뿐만 아니라, 그의 형제 아비새에게서도 똑같이 발견되었습니다. 사울이 동굴에서 다윗의 발밑에 누워 있었을 때, 다윗이 붙잡지 않았더라면 아비새가 사울을 죽였을 것입니다. 압살롬을 피해서 도망가는 다윗을 저주한 시므이의 머리를 베어버릴 것을 요구한 자도 아비새였습니다. 그의 말에 다윗은 이렇게 대답했습니다.

> 스루야의 아들들아 내가 너희와 무슨 상관이 있느냐 그가 저주하는 것은 여호와께서 그에게 다윗을 저주하라 하심이니 그가 저주하게 버려두라(삼하 16:10-11).

이 외에도 인용할 수 있는 다른 실례들이 또 있습니다.

다윗은 스루야의 아들들을 나무라고 그들의 행동과 태도로부터 자신을 분리하면서, 기름 부음 받은 왕이지만 온유한 그의 진정한 성품을 모두가 볼 수 있게 드러냈습니다. 사람들은 그와 같은 왕을 좋아했습니다.

온 백성이 보고 기뻐하며 왕이 무슨 일을 하든지 무리가 다 기뻐하므로(삼하 3:36).

2. 온유한 마음을 가진 다윗

지금까지 스루야의 아들들이 다윗에게는 너무나 다루기에 어려운 사람들이었다는 사례를 살펴보았다면, '기름 부음 받은 왕이지만 온유한' 다윗의 모습을 볼 수 있는 사례들도 여러 곳에서 살펴볼 수 있습니다. 다윗의 이러한 모습은 왕이 되기 전에도 손을 들어 사울을 대항하기를 항상 거절했던 온전한 태도에서 잘 나타났습니다. 그리고 마침내 사울과 요나단이 전쟁에서 쓰러졌다는 소식을 들었을 때, 그가 왕좌를 차지할 길이 이제 열리게 되었음에도 다윗은 그 소식을 기쁨보다는 슬픔으로 맞이했습니다.

다윗은 이스라엘의 옛 왕이자 원수를 향하여(삼하 1장) 성경에서 가장 아름다운 장들 중에 하나로서 너무나 감동적인 애도를 표현했습니다.

사울과 요나단이 생전에 사랑스럽고 아름다운 자이러니(삼하 1:23).

다윗이 요나단에 대하여 그렇게 말하는 것은 이해할 수 있습니다. 다윗은 사울의 손에 의해 그토록 모진 고통을 겪었음에도 사울을 너무나 사랑했고 감사를 표현했습니다. 사람이 어떻게 이러한 태도를 가질 수 있을까요!

그리고 나서 다윗은 우리가 이제까지 살펴보았던 대로, 요압의 손에 의하여 죽게 된 아브넬에게도 똑같은 태도를 가졌습니다. 우리는 사울이 다윗을 핍박하였을 때, 사울의 군대 장관이었던 아브넬도 함께 가담했음을 기억해야 합니다. 다윗을 "산에서 메추라기를 사냥하는 자와 같이"(삼상 26:20) 잡으려고 찾아다녔던 자들이 바로 사울과 아브넬이었습니다. 하지만 다윗은 아브넬을 위하여 "오늘 이스라엘의 지도자요 큰 인물이 죽은 것을 알지 못하느냐"(삼하 3:38)라고 말하면서 애도를 표했습니다.

다윗을 대적하여 나라를 이끌려 했고, 다윗과 그의 수백 명의 추종자들을 그 도시에서 또 다시 도망가게 만든 압살롬을 대하는 모습에서도 '기름 부음 받은 왕이지만 온유한'

다윗을 보게 됩니다. 다윗은 달리 선택할 길이 없어서 압살롬을 잡도록 작은 군대를 보냈습니다(삼하 18장). 하지만 다윗은 그의 군대장관들에게 "나를 위하여 젊은 압살롬을 너그러이 대우하라"(삼하 18:5)는 세심한 지시를 내렸습니다. 그러나 요압은 다윗의 말을 전혀 듣지 않았고, 상수리나무 아래 매달려 있는 그를 창으로 찔러 죽였습니다. 다윗은 마음이 심히 아팠고 압살롬을 위하여 온유한 연민의 정을 자아내게 하는 너무도 유명한 아래의 고백으로 슬픔을 표현했습니다.

> 내 아들 압살롬아 내 아들 내 아들 압살롬아 차라리 내가 너를 대신하여 죽었더면, 압살롬 내 아들아 내 아들아!(삼하 18:33)

이러한 경우와 그 외에 언급하지 않은 다른 경우를 통해서 우리는 '기름 부음 받은 왕이지만 온유한' 다윗의 모습을 보게 됩니다.

3. 보좌 가운데 앉아 있는 어린 양

여기서 '기름 부음 받은 왕이었지만 온유한' 다윗의 모습은 주 예수님의 모습입니다. 이것은 실제로 사도 요한이 요한계시록 4장과 5장에서 보았던 예수님의 모습입니다. 4장에서는 "하늘의 보좌"와 "그 보좌에 앉으신 이"(2절)를 보았고, 5장에서는 보좌에 계신 두 번째 모습을 보게 됩니다. 우리는 6절을 통해 읽을 수 있습니다. "내가 또 보니 보좌와… 어린 양이 섰는데." 예수님은 기름 부음 받은 왕이시고 하나님의 거룩한 보좌에 함께 앉아 계시면서 그분의 권위로 모든 것을 통치하시는 분이시지만, 어린 양으로서 그렇게 행하시고 계십니다. 그래서 그 보좌는 하나님과 어린 양의(계 22:1, 3) 보좌라고 표현됩니다.

어린 양은 하나님의 피조물 중에 가장 온순한 존재입니다. 여러분은 어린 양을 가지고 여러분이 하고 싶은 대로 할 수 있습니다. 어린 양은 숲 속의 다른 동물들처럼 여러분에게 등을 돌리거나 공격하지 않을 것입니다. 어린 양은 "마음이 온유하고 겸손한"(마 11:29) 주 예수님과 꼭 맞는 모습입니다. "보좌 가운데 계신 어린 양"이라는 구절에서, 우리는 한없이 자신을 낮추신 지극히 겸손하신 자를, 그리하여 온 세상을 다스리시도록 보좌의 가장 높은 곳에 올리신 예수님을 보게 됩니다. 그러나 예수님은 여전히 "기름 부음 받은 왕이지만 온유한" 왕이십니다.

이것이 그 보좌에 대한 성격을 알려주고, 우리를 묶어주는 그 보좌에서 나오는 명령을 조절해주고, 우리가 길에서 벗어났을 때, 되돌아가야 하는 곳이 어떤 곳인지를 보여줍니다. "보좌에 있는 어린 양"으로서 예수님의 모습 외에 우리가 추구할 것은 아무것도 없습니다. 왜냐하면 그것은 본래 우리가 추구하는 성향이 전혀 아니기 때문입니다.

4. 예수님을 힘들게 하는 우리의 열심

이러한 관점으로 보면 오늘날도 예수님의 제자들 가운데에서 그들의 가공할만한 열심 때문에, 예수님을 너무나 힘들게 하는 스루야의 아들들과 같은 제자들을 여전히 볼 수 있습니다. 그들의 행동과 태도로부터 예수님은 자주 자신을 분리하셨지만, 예수님의 제자들은 그것을 알지 못하였습니다. 그들의 무정함은 그들이 행동하고 다른 사람에게 반응하는 방식에서, 그들이 다른 사람들에 의하여 상처받았을 때 원망하는 방식에서, 다른 사람의 행동이나 그들의 교리적인 잘못을 비판하는 방식에서 보이게 됩니다.

쟁점이 이런저런 모양으로 주님의 일과 관련되어 있을 때, 그들의 무정함을 특히 잘 볼 수 있습니다. 우리가 말하고 행동하는 모든 것에 대해서는 면죄부를 주면서 다른 사람의 어떤 면에서 잘못을 발견하면, 사랑하는 것은 잠시 쉬고 우리가 느끼는 대로 '일격을 가해도 되는' 완벽한 권리를 갖고 있다고 생각하는 것 같습니다. 그러한 상황에서는 서로에게 아주 무례하거나 불친절하게 될 수 있고, 우리와 의견이 일치하지 않는 사람들에게 세상 사람들도 거의 하지 않을 방식으로 말하게 됩니다. 그러면서도 우리는 그 문제에 대하여 주님의 일을 하고 있다고 생각합니다. 하지만 반복하여 말하는데, 그 어떤 것도 사랑의 결핍에 대하여서는 면죄부를 줄 수 없습니다.

진실로 우리는 때때로 "성도에게 단번에 주신 믿음의 도를 위하여 힘써 싸워야" 합니다(유 1:3). 예수님은 '기름 부음 받은 왕이시지만 온유한' 분이셨음을 기억해야 합니다. 여러분이 하고 싶은 말을 다 하고, 여러분이 쟁점화하고 있는 것을 다 지적한다면, 예수님이 "스루야의 아들들아 내가 너희와 무슨 상관이 있느냐…이 사람들을 제어하기가 너무 어려우니"(삼하 16:10; 3:39)라는 말을 하면서 여러분에게서 돌아서야 하실 지도 모르겠습니다.

위대한 찬송 작사자인 파베르(Faber)는 사람들의 심령이라는 찬송을 작사하면서 그 자신을 그러한 사람들 중의 한 사람으로 포함시킨 것 같습니다.

이 찬송은 아래와 같은 구절을 담고 있습니다.

> 하나님의 사랑은 너무나 광대하시기 때문에
> 인간의 마음이 결코 측량할 수 없다네
> 그리고 영원하신 자의 마음은
> 너무나 놀랍도록 자비하시네.

그 다음 그는 거의 흐느끼면서 아래의 다음 구절을 덧붙였습니다.

> 그러나 우리는 그분의 사랑을 너무나 좁게 만드네
> 우리 자신의 그릇된 잣대로
> 우리는 그분의 엄격함을 너무나 확대하네
> 그분과 상관없는 열심을 가지고서.

그의 삶에서 반드시 나타내어야 할 사랑과 자비를 나타내지 못한 것을 의미한 것 같습니다. 그도, 우리도 예수님이 제어하시기에 너무나 어려운 자들입니다.

5. 육체의 열심

다윗에게 오랜 세월에 걸쳐 너무나 많은 슬픔을 가져온 스루야의 아들들의 맹렬한 충성심에 대하여 우리는 좀 더 면밀하게 살펴보아야 합니다. 여러분은 스루야가 다윗의 누이로, 그들의 아버지가 아닌 어머니였다는 것을 아셨습니까? 구약시대는 주로 아버지의 아들로서 명명되지만 다윗은 항상 요압과 아비새를 그들의 어머니의 아들로서 언급했습니다. 다윗은 물론 스루야를 잘 알고 있었고, 아마도 자기 누이의 강하고 거만한 기질을 그녀의 아들들에게서 보았기 때문에, 그들을 그렇게 불렀을 것입니다. 다윗은 아마도 자신의 머리를 슬프게 흔들면서 "그들은 참으로 그들의 어머니의 아들이로구나"라고 말하곤 했을 것입니다. 그들의 맹렬한 헌신은 우리 그리스도인들 가운데에서 예수님께 유사한 슬픔을 가져올 뿐 아니라, 다른 성도에게 다툼과 상처를 가져오는 육체적인 열심을 가진 모습을 보여줍니다.

그것은 두 가지 이유 때문에 그렇습니다.

첫째, 요압의 경우는 다윗의 진정한 성품을 몰랐기 때문에 그런 일이 발생한 것이었습니다. 요압은 은혜가 없는 사람이었고, 결코 다윗 안에 있는 은혜를 이해할 수 없었습니다. 계속해서 다윗은 요압을 당황스럽게 만들었습니다. 다윗은 요압이라면 결코 행하지 못했을 방법으로 사람들과 상황에 반응했습니다. 다윗이 반역한 아들 압살롬의 죽음 앞에 슬픔으로 완전히 사로잡혀 있었을 때 이것이 분명히 드러났습니다.

> 그날의 승리가 모든 백성에게 슬픔이 된지라(삼하 19:2).

요압은 다윗에게 이렇게 말했습니다.

> 왕께서…모든 부하들의 얼굴을 부끄럽게 하시니…이는 왕께서 미워하는 자는 사랑하시며 사랑하는 자는 미워하시고(삼하 19:5-6).

아닙니다. 요압! 다윗이 친구들을 미워한다는 말은 진실이 아닙니다. 그러나 다윗은 틀림없이 원수도 사랑했고 특히 아들인 압살롬을 사랑했습니다. 단지 요압의 마음속에는 이와 같은 성품이 어울리지 않았기 때문에, 다윗을 오해하지 않을 수 없었던 것이고, 요압의 행동은 종종 다윗의 심령과 불협화음을 이루게 되었습니다.

둘째, 이것은 역시 우리에게도 해당됩니다. 우리는 보좌 가운데에 어린 양이 계신 것을 보지 못합니다. 우리는 보좌 가운데에 사자나 호랑이가 있다고 생각하고 우리가 행동하고 반응하는 방식대로 판단하고 여전히 죄에 대한 책망을 느끼지 못한 채, 우리가 하나님의 일을 하고 있다고 생각하기까지 합니다. 실제적인 사건에서 우리가 행하는 것은 예수님도 전적으로 우리 자신과 같은 그러한 분일 것이라고 무의식적으로 가정하는 것입니다. 우리가 어떤 다른 기질보다 사자나 호랑이의 기질을 더 많이 가지고 있으면, 우리가 하는 것처럼 예수님도 사람들에 대하여 똑같이 느끼고 계시다고 가정합니다. 그러므로 우리가 그들을 향하여 그러한 방식으로 행동하는 것도 아주 허용될 만한 것이라고 생각하고, 예수님의 이름으로 공격적으로 행동하기도 합니다. 이것은 시편 50편에 있는 아주 예리한 구절(21절)이 우리를 지적하고 있는 것입니다.

> 네가 이 일을 행하여도 내가 잠잠하였더니 네가 나를 너와 같은 줄로 생각하였도다. 그러나 내가 너를 책망하여 네 죄를 네 눈 앞에 낱낱이 드러내리라 하시는도다(시 51:21).

6. 이기적인 생각들

다윗을 향한 요압의 분명한 열심에는 다른 요소, 즉 이기적인 생각이 또한 있었습니다. 요압의 마음 깊은 곳에서는 자신이 군대 장관이 되고자 하는 야심이 있었습니다. 아브넬이 진실로 다윗의 편으로 돌아서고, 모든 장수를 데려오면, 요압의 위치가 어떻게 되겠습니까? 한 군대 안에서 두 명의 권력을 쥔 리더가 함께 일할 수는 없습니다. 그래서 요압의 칼이 그 자를 단번에 처리한 것이었습니다. 그리고 또한 처리해야 할 개인적인 감정이 얽힌 작은(!) 문제가 있었습니다.

아브넬은 이전의 전투에서 요압과 아비새의 어린 동생인 아사헬을 마지못해 죽였습니다. 아사헬이 아브넬을 향하여 잔인하게 추격을 계속했고, 아브넬은 달리 선택의 여지없이, 달리면서 뒤로 창을 던졌는데, 그 창에 아사헬이 치명적인 상처를 입게 되었습니다. 요압이 아브넬을 죽인 것은 동생에 대한 원한을 보복한 것이었습니다. 그러나 아브넬이 아사헬을 죽인 것과는 달리, 이것은 참으로 평화 중에 피를 흘린 명백한 경우였습니다. 다윗은 바로 전에 아브넬과 평화 조약을 맺은 상태였습니다. 그러나 요압은 다윗이 단지 문제를 초래했다고 말하고 아브넬이 첩자로서 그곳에 왔다고 주장했습니다. 그러나 그가 이런 말을 하는 진짜 동기는 그의 개인적인 생각 때문이었습니다. 이런 예들은 다른 곳에서도 얼마든지 찾아 볼 수 있습니다.

예수님을 위한 우리의 명백한 열심과 봉사에도 이러한 순수하지 못한 동기가 있는 것을, 종종 교회를 분열시키는 다툼에서 목격하게 됩니다! 우리는 봉사를 한다고 하면서 예수님을 위하여 하는 것일 뿐 아니라 또한 우리 자신을 위하여서도 합니다. 요압이 자신의 위치를 고려해서 질투했던 것처럼, 우리도 우리 자신의 위치를 고려해서 질투하곤 합니다. 이전의 원한을 갚으려고 하는 것과 다른 사람들과 동일하게 얻으려고 하는 욕망이 그렇게 표현될 수 있습니다. 하나님을 섬기는 데 있어서, 육체는 아무리 최선을 다한다 해도 하나님께는 가증한 것이라고 말할 수밖에 없습니다.

그러므로 "기름 부음 받은 왕이지만 온유한" 다윗이 자신을 스루야의 이 난폭한 아들들에게서 분리시켜야 했다는 것은 이상한 일이 아닙니다. 그러나 다윗은 자신을 분리시키는 것 외에 더 한 일을 했습니다. 아브넬의 죽음 이후에, 다윗은 스루야의 아들들을 향해서 그 내용이 다소 놀라울 정도로 격렬한 저주를 선포했습니다.

> 그 죄가 요압의 머리와 그 아버지의 온 집으로 돌아갈지어다. 또 요압의 집에서 백탁병자나 나병 환자나 지팡이를 의지하는 자나 칼에 죽는 자나 양식이 떨어진 자가 끊어지지 아니할지로다 하니라(삼하 3:29).

어떤 사람이 이보다 더 심하게 말할 수 있겠습니까? 저는 다윗이 이와 같이 말한 것에 대하여 비판하지 않습니다. 다윗이 그렇게 말할 수 있어서 오히려 다행이라고 생각합니다. 다윗이 스루야의 아들들에게서 벗어날 수 있는 다른 길이 없었기 때문에 계속 그들과 같이 해야 했지만, 그들이 행한 잘못에 대하여 다윗이 그저 눈감아 주었다고 말할 수는 없을 것입니다. 후에 다윗은 죽음의 침상에서 솔로몬에게 요압에 관하여 "그의 백발이 평안히 스올에 내려가지 못하게 하라"(왕상 2:6)는 당부를 했습니다.

7. 어린 양의 진노

이것이 요한계시록 6:16에서 우리가 읽게 되는 "어린 양의 진노"라고 부를 수 있는 것입니다. 그것은 그분의 부드러움을 부인하는 것이 아니라 오히려 더욱 강하게 표현하는 것입니다. 다윗은 '기름 부음 받은 왕이었지만 온유한' 자였기 때문에 단지 이러한 달로서 이 자를 향하여 심판을 내리지 않을 수 없었습니다. 각각의 사건들로 인해 그들의 남편과 아버지를 잃게 된 아브넬과 아마사의 미망인들과 그들의 자녀들에게 다윗이 어떻게 자신의 얼굴을 들 수 있었겠습니까? 죽음의 침상에서 다윗이 명한 대로 요압에 관하여 솔로몬에게 충고하도록 이끈 것은, 그들을 향한 그의 지극한 긍휼함 때문이었습니다.

우리 주 예수님도 동일하게 그러하신 분이십니다. 어린 양의 원리를 어기고 다른 사람들에게 상처와 슬픔을 주는 자들에게 진노를 내리시는 것은 예수님이 보좌에 계신 어린 양이시기 때문입니다. 어린 양으로서 예수님은 가난하고 궁핍한 자를 사랑하시기 때문에 그들을 압제하는 자들을 심판하지 않으실 수 없는 것입니다.

물론 이것은 믿지 않는 세상이 나중에 심판을 받게 될 원리 중의 하나이고, 그 원리로 예수님은 언젠가 모든 압제하는 체제들을 쓰러뜨리실 것입니다. 이는 또한 믿는 자들에게는 다소 다르게 적용될 수 있습니다. 믿는 자의 죄에 대한 책임추궁은 이미 갈보리에서 영원히 끝났습니다. 하지만 믿는 자도 역시 "어린 양의 진노"의 대상이 될 수 있습니다. 그러한 경우에서 어린 양의 진노는 믿는 자로 하여금 회개에 이르게 하고, 어린 양과의 교제를 회복하도록 연단하는 징계가 됩니다.

실제로 요압 자신이 그 자신의 운명을 가로막았습니다. 비록 요압은 압살롬의 반란에 참여하지 않았고 반란 내내 다윗에게 충성스럽게 남아 있었지만, 아도니야가 솔로몬을 대신하여 다윗의 뒤를 계승하기 위해 헛되이 자신을 세우려고 시도했을 때, 아도니야의 편으로 돌아섰습니다. 그것은 열왕기상 2장에 나오는 이야기를 읽어보면 알 수 있습니다. 솔로몬이 곧바로 왕위를 물려받았기 때문에, 요압은 자신이 그릇된 명분을 지지했다는 것을 깨닫게 되었습니다. 비록 요압은 하나님의 성전으로 피신하였지만, 그럼에도 불구하고 솔로몬은 그를 죽였습니다.

회개하지 않는 육적인 그리스도인은 필연적으로 그릇된 발걸음을 내디딜 것이고 아주 수치스러운 결말을 맺게 될 것입니다. 하나님은 만홀히 여김을 받지 않으십니다.

8. 성령이 부흥을 가져올 때…

성령님이 교회나 그룹에 부흥을 가져올 때, 거의 필연적으로 스루야의 아들과 같은 우리로부터 그 부흥을 시작하십니다. 비록 우리 자신이 그와 같은 자라고 우리가 결코 생각하지 않았을지라도 말입니다. 성령님은 우리를 책망하시고 우리의 눈앞에 모든 것을 바르게 정돈하십니다. 그리고 우리는 성령님이 우리 자신과는 아주 다른 분이라는 것을 보게 됩니다. 우리는 예수님이 보좌 가운데 계신 어린 양이라는 것과 우리도 단지 양이라는 것을 알게 됩니다. 성령님이 회개를 일으키실 때, 사람들은 하나님이 그들에게 보이신 것을 나누게 됩니다. 그리고 이번에는 다른 사람들이 예수님의 참된 모습을 그대로 보게 되고, 그들 또한 자신들의 죄에 대해 새롭게 깨닫게 됩니다. 예수님이 그들에게 보이시고 계신 것을 사람들이 나눔으로써 보좌 가운데 계신 어린 양의 모습이 더 선명하게 나타나게 되고, 성령님이 이 사람에게서 저 사람에게로 움직이시며 죄에 대하여 더 깊은 문제까지 드러내십니다.

예수님의 비전이 주어지는 방법 중의 하나가, 예수님이 성도들에게 깨닫게 해 주시는 바로 그 죄를 통해서입니다. 이러한 방법으로 우리는 "기름 부음 받은 왕이지만 온유한" 예수님의 윤곽을 있는 그대로 보게 됩니다. 하나님이 부흥을 일으켰던 기록들을 무작위로 선택해서 보게 된다면, 이 모든 부흥은 성령님이 일하시는 방법이라는 것을 알게 될 것입니다. 저는 최근에 성경번역선교회(Wycliffe Bible Translators)에서 나오는 책을 우연히 읽게 된 적이 있습니다.

그 책은 남미의 한 나라에서 그 단체가 주최한 수련회에서 부흥이 어떻게 일어나게 되었는지에 대한 이야기를 담고 있었습니다.

> 제리(Jerry)가 비행기 사고 뒤에 어느 날 가졌던 저녁 성만찬에 대하여 저에게 이야기했습니다. 그들은 자정이 지나서야 떡과 포도주를 떼기 위하여 함께 모였습니다. 그 수련회에 참석한 400명이 넘는 모든 사람은 무언가 고백할 것이 있었고, 회중 앞에서 고백하기를 원했습니다. 남자들과 여자들과 아이들까지도 일어나서 눈물을 흘리며 교만, 이기심, 거만함, 참지 못함, 질투, 원망과 같은 자신들의 죄를 눈물을 흘리며 고백했습니다. 그 밤의 성찬예배는 하나님의 사람들이 하나님과 바른 관계를 맺고 그들의 이웃과도 바른 관계를 맺을 때까지 계속되었습니다.

성령님이 이 사람에게서 저 사람으로, 한 가지 사건에서 또 다른 사건으로, 분명하고 확실하게 눈에 띄는 죄에서부터 우리 마음의 숨은 동기와 같은 아주 미묘한 문제에까지 역사하시는 방법은 '기름부음 받은 왕이지만 온유한' 예수님을 우리에게 보여주시는 것입니다.

저는 언젠가 성경학교에서 한 학생이 성령님이 자신의 이기심을 깨닫도록 어떻게 역사하셨는지 그리고 어떻게 그 죄를 고백하게 되었는지 말하는 것을 들은 적이 있습니다. 그 학생은 집에서 보낸 사탕 봉지가 든 소포가 도착했을 때, 방에 혼자 남을 때까지 그 소포를 열어보지 않았다고 했습니다. 왜냐하면 방에 혼자 있어야 그 사탕을 다른 사람들과 나누어야 한다는 부담감 없이 먹을 수 있었기 때문입니다. 하지만 그 학생은 나중에 자신의 친구들에게 용서를 구했습니다.

여기서 이루어진 것이 무엇입니까? 이것이 게임이었겠습니까? 이것이 고백하는 놀이나 새로운 방식의 놀이였겠습니까? 전혀 아닙니다! 하나님이 그들에게 보이기 시작한 것을 한두 사람이 나누기 시작했을 때, 그들 모두는 예수님을 참으로 그분의 모습 그대로, 보좌 가운데 계신 어린 양으로 보기 시작했습니다. 그들은 자신이 예수님이 제어하기에 너무나 어려운, 예수님께 너무나 이기적인 자들이라는 것을 보기 시작했습니다. 곧 모든 사람이 죄를 깨닫게 되었고, 한 가지 죄에 대해서만이 아니라 또 다른 죄에 대해서도 깨닫게 되었고, 많은 사람들이 예수님에 의하여 자유하게 되었고, 서로를 향한 기쁨과 새로운 사랑으로 인도되었습니다.

9. 세베대의 아들들

예수님이 이 땅에 육신으로 계시는 동안 제자들 가운데에도 예수님이 제어하시기에 너무나 어려운 스루야의 두 아들과 같은 야고보와 요한이라는 세베대의 아들들이 있었습니다. 예수님은 그들을 그들에게 맞는 다른 이름인 "보아너게 곧 우레의 아들"(막 3:17)이라는 이름으로 부르셨습니다. 요한은 언제나 '사랑의 사도'로 알려지고 있다는 사실을 생각할 때, 그가 이전에는 그렇지 않았다는 것을 믿기가 어려울 것입니다.

하지만 요한의 초기 시절을 보면, 그는 거의 요압의 복사판이었습니다. 예수님은 적어도 세 번, 옛날에 다윗이 했던 것과 똑같은 말인 "세베대의 아들들아! 내가 너희와 무슨 상관이 있느냐? 세베대의 아들들인 이 사람들을 내가 제어하기에는 너무나 어렵구나"라는 말을 그들에게 하셨어야 했습니다.

첫 번째 경우, 야고보와 요한이 그들의 어머니가 부추겨서 예수님께 특별한 요구를 가지고 나왔을 때였습니다.

> 주의 영광중에서 우리를 하나는 주의 우편에, 하나는 좌편에 앉게 하여 주옵소서(막 10:37).

예수님이 메시아이고, 예수님의 왕국이 도래할 것이라는 세베대의 아들들의 확신은 감탄할 만하지만 그들의 요구는 그렇게 칭찬할 만한 것이 못되었습니다. 다른 제자보다 앞서서 그들 자신에게 가장 높은 두 자리를 배정해 놓기를 원했고, 다른 제자들 앞에서 그들의 요구가 받아들여지도록 시도했습니다.

여러분에게도 이기적인 욕심에서 비롯된 야망이 분명히 있을 것입니다. 그리고 여러분 주위의 다른 이들도 같은 야망을 가지고 있기 때문에 그들은 여러분의 야망을 쉽게 용납하지 못할 것입니다. 그것은 양 편 모두 명백하게 자기를 추구하는 것입니다. 예수님은 부드럽게 그들을 꾸짖으시면서 "너희는 너희가 구하는 것을 알지 못하는도다…내가 줄 것이 아니라"(막 10:38-40) 고 말씀하셨습니다.

두 번째 경우, 요한이 "주여 어떤 사람이 주의 이름으로 귀신을 내쫓는 것을 우리가 보고 우리와 함께 따르지 아니하므로 금하였나이다"(눅 9:49)라고 말했을 때입니다. 요한은 자신이 잘 했고, 옳으며, 정통성을 대변했다고 생각했습니다. '어떤 사람이' 따라오고 있다는 것은 인정할 수 있지만, 예수님의 제자들을 따라오지 않았고, 자신들의 그룹에 속하지 않았고, 자신들이 하는 방식으로 메시지를 전하지 않았다고 말했을 것입니다. 그래서 '어떤 사람이' 하는 것을 금했고, 그만두게 하는 것이 자신들의 최선이라고 했을 것입니다. 그러나 이것은 분명히 편협함이라는 죄입니다. 사랑의 사도가 어떻게 그럴 수 있었을까요? 거기서 사랑은 그다지 보이지 않습니다! 또한 예수님은 요한에게 "금하지 말라 너희를 반대하지 않는 자는 너희를 위하는 자니라"(눅 9:50)라고 도전하셨습니다.

세 번째 경우, 예수님의 일행이 예루살렘으로 가는 도중에 사마리아 마을 사람들이 그 일행을 받아들이지 않았고 그 밤에 접대하기를 거절했을 때였습니다. 그때에 야고보와 요한이 아주 화가 나서 말했습니다.

> 주여 우리가 불을 명하여 하늘로부터 내려 저희들을 멸하라 하기를 원하시나이까(눅 9:54).

어떻게 감히 저들이 이와 같이 우리를 대접할 수 있습니까! 야고보와 요한은 엘리야가 한때 어떻게 행했었는지를 기억하고, 사마리아 지역 사람들을 불로 태우기를 원했습니다. 그들은 틀림없이 "우레의 아들"이라는 이름대로 살았습니다. 아주 분명하게 우리도 주님을 섬기는 일을 한다고 하면서 보복을 하는 죄를 짓습니다. 그들을 향한 예수님의 꾸지람은 이전보다 훨씬 더 강했습니다. "너희들이 지금 어떤 영의 방식으로 말하는지를 알지 못하는구나"(눅 9:55, NKJV). "주님! 어떤 영이라니요?"라고 그들은 말했을 것입니다. 그리고 예수님은 다음과 같이 말하셨을 것이라는 것을 저는 압니다. "사탄아 네가 지금 말하는 것은 사탄에게서 나오는 것이니라"고 말입니다.

우리는 세베대의 아들들에게서 볼 수 있는 이 세 가지 경우의 육신의 표현을 아래와 같이 요약할 수 있습니다. 그들의 형제들에 관하여서, 그들은 뛰어난 자리에 오르고 싶은 욕망이 있었습니다. 그들과 함께 따르지 않는 자들에 관하여서는, 금하려는 욕구가 있었습니다. 그들을 반대하는 자들에 관하여서는, 그들을 태워 없애 버리려는 욕구가 있었습니다. 이 세 경우 모두에서 예수님은 완전히 자신을 분리하셔야 했습니다. 다윗보다 더 크신 자가 말씀하십니다.

> 내가 너희와 무슨 상관이 있느냐 세베대의 아들들아! 나는 오늘날 기름 부음 받은 왕이지만 온유한 자란다.

10. 우레의 아들에서 사랑의 사도로

하지만 여기에 우리를 위한 격려의 말이 있습니다. 이 요한이 우레의 아들이었고, 육적인 그리스도인이었고 요압과 같았던 사람이었지만, 결국은 너무나 다른 사람으로 변화되었고, 지금은 '사랑의 사도'로 알려지게 되었다는 것입니다. 그의 편지에서 요한이 계속적으로 반복한 메시지는 "어린 자녀들아! 예수님이 너희를 사랑하신 것처럼 너희도 서로 사랑하라"는 것이었습니다. 진실로 요한에게 변화가 일어났습니다. 그러나 제가 확신하기는 주님 앞에서의 수많은 회개가 없었다면 그는 그렇게 변화되지 못했을 것입니다.

참으로 예수님이 그에게 말씀하신 세 번의 도전 앞에 겸손한 고백으로 "주님이 옳습니다. 제가 잘못했습니다"라고 대답했을 것이라고 생각합니다. 요한은 그렇게 고백하면서 예수님의 어깨에 기대어 슬퍼하며 울었을지도 모릅니다. 아무튼 요한이 용서받고 회복되어, 마지막 만찬 때에 예수님의 가슴에 확실히 기대어 있었음을 알 수 있습니다. 요한은 예수님과 동행하면서 종종 자신에게 사랑이 없을 뿐만 아니라 모든 선한 덕목이 부족함을 느꼈습니다. 하지만 요한은 본래 자신에게는 그러한 것들이 없다고 고백했고, 예수님은 부족하다고 고백한 것들을 은혜로 계속 채워 주셨습니다.

우리는 예수님께 너무나 어려운 자들인가요? 어떤 의미에서 우리는 예수님께 너무나 어려운 자들이 아닙니다. 요한이 걸어갔던, 그가 우리에게 이미 보여주었던 그 회개의 길로 간다면, 우리가 고백한 그 빈 자리에 예수님의 충만함으로 채워지도록 예수님을 바라본다면, 예수님은 우리도 변화시킬 수 있습니다.

9장
모든 영광 가운데 있는 솔로몬

보라 한 아들이 네게서 나리니 그는 온순한 사람이라
내가 그로 주변 모든 대적에게서 평온을 얻게 하리라
그의 이름을 솔로몬[즉 평화로운]이라 하리니
이는 내가 그의 생전에 평안과 안일함을
이스라엘에게 줄 것임이니라(대상 22:9).

그가 바다에서부터 바다까지와 강에서부터
땅 끝까지 다스리리니
모든 왕이 그의 앞에 부복하며
모든 민족이 다 그를 섬기리로다
그의 이름이 영구함이여
그의 이름이 해와 같이 장구하리로다
사람들이 그로 말미암아 복을 받으리니
모든 민족이 다 그를 복되다 하리로다(시 72:8, 11, 17).

남방 여왕이…솔로몬의 지혜로운 말을 들으려고
땅 끝에서 왔음이거니와 솔로몬보다
더 큰 이가 여기 있느니라(마 12:42).

우리는 지금까지 다윗과 사울, 다윗과 요나단, 다윗과 므비보셋, 다윗과 요압의 이야기를 살펴보았습니다. 모두 풍부한 가르침을 주었고 우리의 삶에 적용할 수 있는 것이었습니다. 본서를 위해서, 제가 정해 놓은 제한에 충실하기 위해서, 다윗의 생애에서 일어난 또 다른 흥미진진한 사건들이 있지만 그냥 넘어가도록 하겠습니다. 그 모든 사건에서 다윗은 그리스도의 예표로서 우리에게 동일하게 풍성한 가르침을 줄 것입니다.

다윗과 압살롬의 이야기가 있습니다. 압살롬은 이스라엘 백성의 마음을 그의 아버지에게서 훔쳐 갔습니다. 이것은 세상과 이 세상의 신이 예수님으로부터 우리의 마음을 빼앗아갈 수 있고, 우리로 하여금 예수님의 보좌에서 또 다시 예수님을 몰아낼 수도 있다는 것을 그림처럼 보여줍니다. 온갖 불행한 일들을 겪고 나서야 우리는 이스라엘 백성이 마침내 그들 자신에게 했던 질문을 아마도 하게 될 것입니다.

이제 너희가 어찌하여 왕을 도로 모셔 올 일에 잠잠하고 있느냐 하니라(삼하 19:10).

또한 다윗과 아도니야의 이야기가(왕상 1장) 있습니다. 아도니야는 다윗의 다른 아들로서, 다윗이 후계자로 솔로몬을 정하여 대관식을 하기 전에 먼저 자신이 선취하기를 원하여 자신을 높여서 "내가 왕이 될 것이다"라고 말한 자였습니다. 우리도 또한 "으뜸 되기를 좋아하는"(요삼 1:9) 사람들 중에 한 사람이 될 수 있고, 우리 자신을 하나님의 사람들 가운데 왕으로 세우려고 합니다. 아도니야가 권력을 장악하려던 자신의 계획이 실패로 끝났다는 것을 알았을 때, 그는 도망가서 숨었고 제단의 뿔을 붙잡았습니다. 우리도 그러한 죄가 우리 안에 발견되었을 때, 도망하여 '오래된 낡은 십자가상'을 붙잡고 있을 수 있습니다.

1. 솔로몬 없이 완성되지 않는 다윗

위에서 이야기한 내용들은 지금 현재 다루고 있는 영역 밖의 것으로서 지나가야 합니다. 하지만 제가 그냥 지나갈 수 없는 이야기의 한 부분이 있는데 그것은 다윗과 솔로몬의 이야기입니다. 솔로몬이 없이 다윗의 생애는 완성되지 않았을 것입니다. 다윗도 노년에 그것을 알았습니다. 많은 것이 영광스러운 절정에 도달했음에도 다윗의 모든 바람이 다 이루어진 것은 아니었습니다.

다윗의 마음속에 깊이 자리 잡고 있던 하나님의 전을 건축하고 싶은 열망은 이루어지지 않았습니다. 다윗이 다스리는 나라의 경계가 매우 크게 확장되었지만 그가 희망한 만큼은 확장되지 않았고, 이스라엘의 안정을 확실히 하기 위해 필요한 만큼 확장된 것도 아니었습니다. 또한 다윗은 전쟁의 사람이었고, 이스라엘이 필요로 하는 평화의 사람도 아니었습니다. 대다수의 아버지가 하는 것처럼, 다윗은 못다 이룬 소망과 꿈을 솔로몬에게 건네주었습니다. 솔로몬이 그러한 꿈들을 성취한다면, 오직 솔로몬 안에서 다윗의 삶은 완성될 것이었습니다.

그래서 다윗은 가장 장엄한 시편들 중에 하나인, 시편 72편을 지었습니다. 참으로 그 시편의 마지막 말인 "이새의 아들 다윗의 기도가 끝나니라"라는 것으로, 이 시편이 그가 쓴 마지막 시라는 것을 말해 주는 것 같습니다. 시편 72편은 "솔로몬을 위한 시"라고 제목이 붙여졌고, 그 시편에서 다윗은 자기 삶의 완성으로서 솔로몬을 향한 소망을 표현했습니다. 참으로 그것은 솔로몬을 향한 소망의 표현 그 이상이었습니다. 그것은 솔로몬이 어떻게 될 것이고 무엇을 할 것인가에 대하여 선포된 내용으로서, 솔로몬이 다스리는 왕국의 장엄함과 긍휼과 정의로 다스리는 솔로몬의 통치에 대한 예언으로서 우리에게 주어졌습니다.

2. 솔로몬, 예수님의 예표

다윗에게 솔로몬이 없이는 이 땅에서 그의 업적이 완성되지 않는 것이라면, 그것은 분명히 우리가 지금까지 보아온

대로 다윗을 예수님의 예표로 간주할 수 있는 증거가 됩니다. 여러분은 다윗 안에서 예수 그리스도의 모습 전체를 다 볼 수가 없습니다. 여러분이 시편 72편에서 보게 되듯이, 예수님의 모습을 완성하기 위해서는 모든 영광 가운데 있는 솔로몬이 필요합니다.

다윗은 모든 고난을 겪고 하나님의 보좌에 높이 들리시고, 사람들을 구원하기 위해서 현재 사탄과 싸우시는 예수님의 사역을 보여주는 예표입니다. 그러나 솔로몬은 앞으로 올 천년왕국 시대에 평화의 왕으로서 오실 예수님의 예표입니다. 이전에 오셨던 그 땅에, 그가 수치를 받으셨던 바로 그곳에 예수님이 다시 오셔서 자신이 누구신지를 나타내실 것입니다. 이 옛 땅에서 예수님은 공의와 평화로 다스릴 것입니다. 이 지구 상에 있는 모든 나라가 예수님을 섬기게 될 것입니다.

당연히 인간의 반역이 있을 것이고 하나님의 왕국은 요한계시록의 심판에 의하여 형성될 것입니다. 하나님의 왕국은 반드시 세워질 것이고, 이 세상의 나라는 여호와와 그리스도의 나라가 될 것입니다. 예수님의 통치아래 모든 압제는 그쳐질 것이고, 이상적인 환경이 사람들과 나라들 사이에서 일어날 것이고, 모든 피조물도 그 전과는 완전히 다른 아름다운 존재로 변케 될 것입니다.

이것이 구약과 신약에서 앞으로 이루어질 것이라고 수 없이 예언한 인류의 황금시대입니다. 요한계시록 20장은 예수님이 천 년 동안 다스릴 것이고 이 땅에서 예수님과 함께 고난을 받은 이들이 그때 주님과 함께 연합하여 살게 될 것이라고 우리에게 말하고 있습니다. 이것이 우리가 천년왕국이라고 부르는 것이고, 그것이 제가 "그리스도의 천년왕국"이라는 구절을 사용하는 이유입니다. 하지만 그 천 년이라는 기간이 정확하게 천 년을 말하는 것인지 아니면 더 연장된 기간을 말하는 것인가는 중요한 문제가 아닙니다. 중요한 것은 모든 영광 가운데 있는 솔로몬보다 더 크신 분이 우주적인 통치자가 되실 것이라는 사실입니다.

최근에 솔로몬의 통치의 영광에 대하여 다시 읽으면서, 저는 거의 숨이 막힐 정도로 감격스러웠습니다. 이보다 더 장엄한 왕국이 이전에 있었습니까? 이스라엘의 경계가 이전의 그 어느 때보다도 더욱 넓게 확장되었습니다. 솔로몬은 유프라테스로부터 이집트의 경계까지 다스렸습니다. 또한 주변의 나라들이 여러 이유로 솔로몬에게 조공을 바치게 되었고, 그들은 솔로몬에게 정기적으로 예물로 드리는 헌물을 가져왔습니다. 다른 나라들도 서로 경쟁하듯이 솔로몬에게 어마어마한 선물들을 자원하여 가져왔고, 아주 먼 나라에서 오기도 했습니다. 솔로몬은 주변 나라에 평화를 가져왔고, 이스라엘에도 경제적인 안정을 가져왔습니다.

> 솔로몬이 사는 동안에 유다와 이스라엘이 단에서부터 브엘세바에 이르기까지 각기 포도나무 아래와 무화과나무 아래서 평안히 살았더라 (왕상 4:25).

먹을 것들과 마병과 병거들을 사방에서 함께 가져오게 되었고, 특별한 저장고를 두는 도시들을 그 땅 전역에 세워야만 했습니다. 솔로몬이 시작하고 계획한 것의 결과로 그는 예루살렘에 네 개의 위대하고 아름다운 건축물이 세워지는 것을 보았습니다.

먼저 하나님의 집이었고, 다음은 자신의 궁전이었고, 그 다음은 솔로몬의 보좌가 있는 레바논의 백향목으로 세워진 집이었고, 그 다음은 그가 아내로 삼은 바로의 딸을 위한 궁이었습니다. 그의 궁정의 규모와 스타일은 엄청나서 시바 여왕이 모든 것을 보았을 때 "그의 신하들의 좌석과 그의 시종들이 시립한 것과 그들의 관복과 술 관원들과 여호와의 성전에 올라가는 층계를 보고 크게 감동"(왕상 10:5)되었습니다.

사방 나라로부터 너무도 많은 금이 들어와 솔로몬의 궁정에서는 마시는 잔들도 모두 순금으로 만들어져 있었습니다.

> 은 기물이 없으니 솔로몬의 시대에 은을 귀하게 여기지 아니함은 (왕상 10:21).

이 모든 것보다 더 중요하고 감동적인 것은 "온 세상 사람들이 다 하나님께서 솔로몬의 마음에 주신 지혜를 들으며 그 얼굴을 보기 원하여"(왕상 10:24) 모여 들었습니다. 그의 식탁에는 천하 사방에서 솔로몬과 함께 앉아서 그의 지혜를 듣기 위하여 온 왕들과 철학자들이 항상 있었습니다. 이 모든 이야기를 요약하면 이렇게 말할 수 있습니다.

솔로몬 왕의 재산과 지혜가 세상의 그 어느 왕보다 큰지라(왕상 10:23).

다윗의 시대를 기억하는 자들은 다윗의 궁정과 왕국이 솔로몬의 것과 비교했을 때 훨씬 초라하고 빛바래보인다고 생각했을지도 모릅니다. 그러나 이것은 잘못된 생각입니다. 솔로몬이 다스린 나라는 다윗의 왕국이며, 시편 72편에 나타난 다윗의 이상을 실현하고 완성한 것에 불과합니다.

천년왕국 시대에 나타나는 그리스도 왕국의 모습도 그러합니다. 그 왕국의 영광이 너무나도 찬란합니다. 하지만 우리가 오늘날 알고 있고, 눈에 보이는 장엄한 모습이 없는 예수 그리스도의 나라는 신자들의 마음 안에만 존재하는 나라로서 그 영광이 빛바랜 것처럼 보입니다. 그러나 실제로는 그렇지 않습니다. 그 왕국은 똑같은 왕이고 똑같은 왕국이지만, 그 왕과 왕국은 최후의 완성에 이르게 될 것입니다. 주 예수 그리스도의 완벽한 모습을 보여주기 위해서는 다윗뿐만 아니라 솔로몬도 필요합니다. 요한계시록을 주의 깊게 읽어본 사람들은 천년왕국이 그 이야기의 끝이 아님을 물론 알 것입니다. 이 땅에서의 황금시대의 완성과 함께 새 하늘과 새 땅의 장소를 주기 위해서 "물질이 뜨거운 불에 풀어지고 땅과 그 중에 있는 모든 일이…뜨거운 불에 녹아지려니와"(벧후 3:10-12)라는 말씀을 보게 됩니다. 그러나 그 모든 것이 그렇게 이루어지지만, 그리스도가 이 땅에서 다스리는 천년왕국은 최후의 새 하늘과 새 땅보다 한층 더 깊은 성경의 예언의 주지가 될 것입니다.

3. 솔로몬을 위한 시

시편 72편의 주제는 아마도 모든 메시아를 노래한 시편 중에서 가장 중요한 시편 중의 하나로, 지상에서 그리스도의 왕국에 대한 비전을 노래합니다. 그 시편을 보면 제가 이미 말했듯이 "솔로몬을 위한 시"라는 제목이 붙어 있음을 발견합니다. 표준개역성경(RSV)은 "솔로몬의 시"라는 제목으로 번역했는데, 마치 그것이 솔로몬에 의하여 쓰여진 것처럼 착각하게 만듭니다. 원어상으로는 그런 번역도 물론 가능합니다.

그러나 흠정역(AV)은 끝에 "이새의 아들 다윗의 기도가 끝나니라"라는 말을 적어 놓았습니다. 시편 72편이 "이새의 아들 다윗의 기도가 끝나니라"라는 말로 끝난다는 사실은, 솔로몬의 시가 아니라 다윗의 시라는 것을 말해줍니다. 바로 첫 구절이 "왕의 아들"을 위한 기도이고, 이것은 흠정역이 본문의 주요 부분으로 "솔로몬을 위한 시"라는 제목을 붙이기로 결정한 것이 바르다는 것을 확증해 줍니다.

이 시편은 나이가 든 다윗과 솔로몬이 함께 다스렸던 짧은 기간 동안에 쓰여졌을 가능성이 많습니다. 아도니야의 반란 때문에 다윗이 솔로몬을 서둘러서 왕으로 기름 부었던 것을 기억할 것입니다. 아마도 이 시편은 늙은 왕이 미래를 바라보고 그가 이룰 수 있기를 소망했던 모든 것을, 그의 아들을 위해서, 그 아들이 수행할 다스림을 위해서, 그가 기도했던 모든 것을 이 시편에 기록했습니다. 다윗은 왕권에서 그의 영향력을 행사하는 것을 조금 일찍 내려놓았습니다.

이스라엘의 하나님이 말씀하시며 이스라엘의 바위가 내게 이르시기를 사람을 공의로 다스리는 자, 하나님을 경외함으로 다스리는 자여

그는 돋는 해의 아침 빛 같고 구름 없는 아침 같고 비 내린 후의 광선
으로 땅에서 움이 돋는 새 풀 같으니라(삼하 23:3-4).

여기서 다윗은 의식적으로인지 혹은 무의식적으로인지는 모르겠으나, 왕의 다스림의 범위를 확대하고 있는데 이는 솔로몬을 넘어서 메시아 그분을 가리키고 있습니다.

4. 주의 판단력…주의 공의

이 시편은 솔로몬을 위한 짧지만 포괄적인 기도로 시작합니다.

하나님이여 주의 판단력을 왕에게 주시고 주의 공의를 왕의 아들에게
주소서(1절).

이것은 72편 전체의 서문입니다. 이것을 이해하는 것이 우리에게 연이어 따라오는 모든 선율을 배열하는 열쇠를 제

공합니다.

이 구절에서 판단력과 공의, 즉 구약성경 거의 모든 곳에서 나타나고 항상 함께 쓰이는 두 단어를 보게 됩니다. 그 단어를 사용했던 히브리 저자들의 특별한 감각을 이해해야 합니다. 그들에게서 판단력이라는 말은 먼저 어떤 사람을 대적하는 뜻이 아니고, 어떤 사람을 위하여서라는 것입니다.

다윗이 다른 시편에서 "오! 주님 나를 판단하소서"(시 7:8; 26:1; 35:23; 43:1)라고 말한 것은 "심판의 날에 나 자신에게 모든 심판을 내리소서"라는 말이 아닙니다. 다윗은 나를 위하여 판단해 주시고, 나의 송사를 변호해 주시고, 나를 옹호해 달라고 말하는 것입니다. 그래서 그 단어는 '정의'라는 말로 표현될 수 있지만 일단 여러분이 판단력이라는 단어가 의미하는 바를 알게 된다면, 정의라는 단어조차도 판단력이라는 단어만큼 좋지 않음을 발견할 것입니다. 판단력과 종종 함께 쓰이는 다른 단어는 공의인데, 이 단어는 공평과 비슷하면서 공평한 정의라는 의미를 가집니다.

5. 가난하고 궁핍한

지금 하나님의 이러한 심판, 이러한 정의를 받는 수혜자들은, 항상 구약성경 전편에서 "가난하고 궁핍한 자"들이라고 말하고 있습니다. 이 구절은 구약성경 전체에서 발견됩니다. 눈을 열어서 보면 그 말이 얼마나 자주 나오는지를 보고 놀랄 것입니다. 이 시편에서만 세 번이나 나옵니다. 가난하고 궁핍한 자들은 일반적으로 다른 사람들의 손 아래서 압제로 고통을 받고 있는 자들이라는 것을 발견할 것입니다. 때때로 그들은 어떤 도움도 없이, 가난하고 궁핍하기 때문에 압제를 받습니다.

많은 경우에 그들을 가난하고 궁핍하게 만드는 것은 고통받고 있는 압제 그 자체입니다. 그 압제는 물론 사회적, 인종적, 종교적, 정치적으로 여러 가지 형태를 취하여왔고, 지금도 여전히 여러 형태를 취하고 있습니다. 때때로 가난하고 궁핍한 사람들은 그들을 지배하는 어느 한 개인으로부터 고통을 받습니다. 또 다른 경우에 그러한 노예상태가 오늘날 우리가 포악한 제도라고 부르는 그릇된 다스림과 권위로부터 야기됩니다. 그러나 "가난하고 궁핍한"이라는 구절이 나오는 많은 경우에 여호와, 은혜의 하나님이 항상 그러한 자들의 편에 계신 것으로 선포되고 있고, 그들을 위해서 심판하시고, 훗날에 기름 부음 받은 왕이 다시 오실 때, 그 압박자가 누구이든지 간에 "압박하는 자를 꺾으실"(시 72:4) 것이라는 것을 여러분은 발견할 것입니다.

그래서 심판과 공의라는 단어는 가난하고 궁핍한 자를 위하여 심판한다는 의미를 갖습니다. 그들을 압박하는 자를 대항하여, 최후로 모든 악을 행하는 자들을 대항하여 심판하는 것을 의미합니다. 이것이 그 단어가 그러한 의미를 담게 된 과정입니다. 그리고 현재 우리는 일반적으로 후자의 의미로 신약에서 그 단어를 이해합니다.

우리가 더 살펴보기 전에 이것에 대하여 이해해야 할 또 다른 한 가지가 있습니다. 여호와는 가난하고 궁핍한 자를 압제하는 압박자를 박살내시는데, 구약의 선지자들과 시편 기자들은 그 가난하고 궁핍한 자를 이스라엘로 보았습니다. 인류 역사에서 이스라엘만큼 압제받고 부당하게 취급받은 나라가 또 어디에 있습니까? 그 당시의 선지자들은 그들의 시각에서 아주 지나칠 정도로 이스라엘 중심이었습니다. 그러나 하나님은 가난하고 궁핍한 이스라엘 편에 계신 것을 항상 증명하셨고, 어떤 경우에서든 하나님은 자신의 그러한 모습을 계시해 주셨습니다. 이스라엘과 그의 필요는 은혜의 하나님인 그분 자신을 눈이 부실 정도로 밝게 보여주신 단 하나의 파편 조각입니다.

그러나 하나님의 이 은혜는 이스라엘이라는 한 나라에만 적용되는 것이 아니라, 가난하고 궁핍하고 압제받고 있는, 그리하여 하나님을 바라보고 있는 이스라엘 안이나 이스라엘 밖에 있는 어떤 개인에게나 적용되는 것입니다. 이것이 또한 신약에서 하나님의 은혜의 메시지가 발전한 과정인 것입니다. 우리의 현재의 위치에 대하여 정직하게 인정하고, 가난하고 궁핍한 자리를 취하기만 한다면, 그것이 은혜의 하나님의 풍성한 관심을 받기에 합당하게 된다는 이 사실은 참으로 격려가 되지 않습니까!

그때, 이 시편의 시작에서 가난하고 궁핍한 자를 위하여 심판하시는 하나님의 성품을 복되다고 선포할 수 있습니다. 이것이 "하나님! 왕에게 당신의 판단력을 주십시오"라고 기도를 시작한 이유입니다. 다시 말하면 왕이 나타내는 이러한 하나님의 아름다운 성품이 그가 다스리는 나라에 나타나고 반영되게 해달라는 것입니다. 그것이 우리가 솔로몬에게서 보게 되고, 이 시편 전 편을 걸쳐서 행하시는 솔로몬보다 더 크신 분에게서 보는 것입니다.

> 그가 가난한 백성의 억울함을 풀어주며 궁핍한 자의 자손을 구원하며 압박하는 자를 꺾으리로다(4절).
> 그는 궁핍한 자가 부르짖을 때에 건지며 도움이 없는 가난한 자도 건지며(12절).
> 그는 가난한 자와 궁핍한 자를 불쌍히 여기며 궁핍한 자의 생명을 구원하며(13절).
> 그들의 생명을 압박과 강포에서 원하리니 그들의 피가 그의 눈 앞에서 존귀히 여김을 받으리로다(14절).

도움이 없는 자들을 위한 하나님의 이러한 긍휼어린 심판 때문에 시편기자는 아래와 같이 말합니다.

> 그는 벤 풀에 위에 내리는 비 같이, 땅을 적시는 소낙비 같이 내리리니 (6절).

벤 풀은 상처받은 풀이고, 그분의 다스림은 사람들의 상처를 치유하는 비와 같이 될 것입니다. 그러나 오늘날 구속받은 자들은 이를 경험하기 위해서 천년왕국 때까지 기다릴 필요가 없습니다. 그들은 예수님이 그들의 상처를 치유하시고, 그들의 슬픔을 위로하시고, 그들의 두려움을 쫓아 버리시는 것을 이미 발견하였습니다.

아래의 선포를 하게 되는 것도 이러한 동일한 긍휼 어린 정의로 인해서입니다.

> 모든 왕이 그의 앞에 부복하며 모든 민족이 다 그를 섬기리로다(11절).

제가 알기로 '섬긴다' 혹은 '복종하다'라는 뜻의 히브리어에는 두 단어가 있습니다. 전자는 여러분을 대적하는 자가 너무나 강하기 때문에, 여러분이 무언가를 해야 하기 때문에 나쁜 의도를 가지고 하는 것입니다. 여기서는 자발적으로 복종한다는 의미를 가진 두 번째 단어가 되었는데, "모든 민족이 그를 섬기리로다"에서 그들은 자원하여 기쁘게 섬긴다는 것입니다. 그 이유가 무엇입니까? 그 다음 구절이 이를 대답해 줍니다. "그는 궁핍한 자의 부르짖을 때에 건지며…." 그들은 다른 사람들과 함께 주님이 다스리시는, 그저 베풀어 주시는 은혜를 즐기기를 원합니다. 우리의 솔로몬은 강압적인 팔로 그분의 영향력을 펼치는 것이 아니라 "오직 위로부터 난 지혜는 화평하고 관용하고 양순(약 3:17)하여" 그분의 영향력을 펼치실 것입니다.

이것이 또한 아래와 같이 말한 이유입니다.

> 모든 민족이 다 그를 복되다 하리로다(17절).

그분의 손 안에서 누린 무한한 은혜와 행복 때문에, 그들은 예수님을 그렇게 부를 것입니다. 은혜와 진리가 천년왕국에서 예수님의 보좌의 기초가 될 것이고 그와 같이 구속받은 자의 눈에서 지금 현재에도 은혜와 진리는 그분의 모든 영광의 근원이 될 것입니다.

예수님은 지금도 우리의 다윗이실 뿐 아니라 앞으로 다가올 세대에는 우리의 솔로몬이 되실 것입니다.

5. 전체로 본 시편 72편

다윗이 처음 그 시편을 썼을 때 나타내었던 것과 같은 하나님을 향한 찬양과 예배의 영으로 72편 전체를 읽어보십시다. 나이가 든 다윗이 이러한 영광스러운 예언을 기록하였다는 것은 아주 강렬한 경험이었을 것입니다. 나이 많은 저자는 그 시편을 아래와 같이 나누었습니다.

첫째, 의로운 자로서 메시아의 통치에 대한 강렬한 묘사에 대하여(1-7절),

둘째, 우주적인 메시아에 대하여(8-11절),

셋째, 은혜로운 메시아에 대하여(12-14절),

넷째, 영원하신 메시아에 대하여(15-17절),

다섯째, 영광의 찬송을 덧붙임으로(18-19절)

여섯째, 20절은 에필로그입니다.

저는 저자의 친절한 구분에 따라 이 시편을 읽어 가겠습니다.

이것을 읽으면서 히브리어로 된 시의 아주 아름다운 반복 운율을 주목해 보십시오. 거의 모든 구절이 두 번 표현되고, 두 번째 표현은 조금씩 다르게 첫 번째 것을 상세히 설명하고 있습니다. 매우 아름답습니다.

■ 의로운 자로서의 메시아의 통치

하나님이여 주의 판단력을 왕에게 주시고 주의 공의를 왕의 아들에게 주소서
그가 주의 백성을 공의로 재판하며 주의 가난한 자를 정의로 재판 하리니
의로 말미암아 산들이 백성에게 평강을 주며 작은 산들도 그리하리로다
그가 가난한 백성의 억울함을 풀어주며 궁핍한 자의 자손을 구원하며 압박하는 자를 꺾으리로다
그들이 해가 있을 동안에도 주를 두려워하며 달이 있을 동안에도 대대로 그리하리로다
저는 벤 풀에 내리는 비 같이 땅을 적시는 소낙비 같이 내리리니
그의 날에 의인이 흥왕하여 평강의 풍성함이 달이 다할 때까지 이르리로다

- **우주적인 메시아로서의 메시아의 통치**

그가 바다에서부터 바다까지와 강에서부터 땅 끝까지 다스리리니
광야에 사는 자는 그의 앞에 굽히며 그의 원수들은 티끌을 핥을 것이며
다시스와 섬의 왕들이 조공을 바치며 스바와 시바 왕들이 예물을 드리리로다
모든 왕이 그의 앞에 부복하며 모든 민족이 다 그를 섬기리로다

- **은혜로운 자로서의 메시아의 통치**

그는 궁핍한 자가 부르짖을 때에 건지며 도움이 없는 가난한 자도 건지며
그는 가난한 자와 궁핍한 자를 불쌍히 여기며 궁핍한 자의 생명을 구원하며
그들의 생명을 압박과 강포에서 구원하리니 그들의 피가 그의 눈 앞에서 존귀히 여김을 받으리로다

- **영원하신 자로서의 메시아의 통치**

그들이 생존하여 스바의 금을 그에게 드리며 사람들이 그를 위하여
항상 기도하고 종일 찬송하리로다
산 꼭대기의 땅에도 곡식이 풍성하고 그것의 열매가 레바논 같이 흔

들리며 성에 있는 자가 땅의 풀 같이 왕성하리로다

그의 이름이 영구함이여 그의 이름이 해와 같이 장구하리로다 사람들이 그로 말미암아 복을 받으리니 모든 민족이 다 그를 복되다 하리로다.

▪ 마지막 영광의 찬송

홀로 기이한 일들을 행하시는 여호와 하나님 곧 이스라엘의 하나님을 찬송하며

그 영화로운 이름을 영원히 찬송할지어다 온 땅에 그의 영광이 충만할찌어다. 아멘 아멘.

▪ 마지막 후기

이새의 아들 다윗의 기도가 끝나니라.

다윗은 마지막 문장을 쓸 때 아마 이런 생각을 가지고 있었을 것입니다.

솔로몬과 그의 마지막 자손에게 앞으로 어떻게 이루어질 것인가를 생각하면 저는 더 이상 요구할 것이 없습니다. 모든 것이 완성되었기 때문입니다.

그리고 그는 혼신의 힘을 다하여 기록을 다 마치고 지쳐서 베개에 다시 기대었을 것입니다. 신약에서 어린 예수님이 성전에서 그에게 나아오는 것을 본 시므온이 "주재여 이제는 말씀하신 대로 종을 평안히 놓아 주시는도다 내 눈이 주의 구원을 보았사오니"(눅 2:29-30)라고 기도했던 것처럼 그는 더 요구할 것이 아무것도 없었습니다. 우리도 역시 그와 똑같이 말할 것입니다!

이 시편을 알기 쉽게 개사한 몽고메리(J.Montgomery)의 유명한 찬송가를 결론으로 삼는 것보다 효과적인 마무리는 없을 것입니다.

> 기름 부음 받은 자 주님을 찬양하네.
> 위대한 다윗의 더 위대하신 아들이
> 정해진 시간에 오심을 찬양하네.
> 땅에서의 그분의 통치가 시작되었네.
> 그는 모든 압제를 꺾으시려 오셨네.
> 포로된 자를 자유케 하시며
> 죄를 없이 하시며
> 공평으로 다스리시네.

그는 소낙비처럼 내려오실 것이네.

열매 맺는 땅 위에

사랑, 기쁨, 희망이 꽃들처럼

그분의 길에 피어 오르네.

그분 앞에서 산들에

전령이 평화를 전하러 가네.

샘에서는 공의가

언덕에서 골짜기로 흐르네.

왕들이 그분 앞에서 머리를 숙이네.

금과 향료를 가져 오네.

모든 열방이 그분을 사모하네.

모든 백성이 그분을 찬양하네.

그가 그 모두를 다스리기 때문이라네.

강과 바다와 해안가 모두를

독수리의 날개가 날 수 있는 그 먼 곳까지

비둘기의 가벼운 날개가 날아오를 수 있는

그곳까지 다스리시네.

아멘 아멘 아멘!

부록 1

다윗, 그리스도의 예표

어떤 사람들에게는 본서에서 해온 것처럼 구약을 다루는 것이 다소 생소하게 보일 것입니다. 하지만 구약에서 보여주는 어떤 예표와 예시를 무시하는 것은 우리 자신에게서 가장 중요하고 흥미진진한 가치들 중에 하나를 빼앗는 것입니다. 구약은 여자의 후손이 뱀의 머리를 상하게 할 것이라고 선포된 창세기 3:15의 장차 오실 구원자에 대한 최초의 약속에서부터 구약 전체를 통해서 말라기의 마지막 부분에 "공의로운 해가 떠올라서 치료하는 광선을 비추리니"(말 4:2)에 이르기까지 그리스도에 관한 예표로 가득 차 있습니다. 예수님이 오셨을 때, 예수님이 겪으셨던 각 사건과 경험의 기록은 여러 번 반복된 구절인 "기록된 대로"라는 말에 의하여 강조되었는데, 이것은 구약성경에서 예수님에 대하여 예언한 구절이라는 사실을 암시하는 표지입니다.

그리스도에 대한 이러한 예시들은 직접적인 예언을 통해 주어졌을 뿐만 아니라, 모세의 희생제사나 의식 속에도 그리스도에 대한 예표가 포함되어 있고, 구약에 나오는 여러 종류의 인물들이나 사건들 속에도 포함되어 있습니다. 구약의 인물들 중에서 다윗만큼 그리스도의 예표로서 뚜렷하게 드러나는 인물은 없습니다.

오래된 찬송가는 그리스도를 "위대하신 다윗보다 더 위대한 아들"이라고 바로 불렀답니다. 얼마나 많은 부분에서 다윗이 그 아들의 모습을 보여 주는지요! 다윗의 삶의 여러 사건은 예수님이 그 중심인 복음에 대한 예시를 상기시켜 준답니다. 그것은 설교자에게 신약의 진리를 추상적인 말로서가 아니라 생생한 그림을 보여 주듯이 설교하는 것을 가능하게 만들어 주기 때문에 설교자를 참으로 즐겁게 해줍니다. 이러한 그림과 같은 구체적인 예시는 독자들로 하여금 진리를 더 손쉽게 소화하고 이해할 수 있게 해 줍니다.

어떤 성경적인 근거로 다윗을 그리스도의 예표로서 간주하는지 질문할 수도 있습니다. 다른 것을 언급하지 않는다 해도, 메시아를 예언하는 시편들을 근거로 하고 있다고 대답할 수 있습니다. 다윗의 시편 중에는, 초두에서는 그 자신에 대하여, 고난에 대하여 말하지만 계속 읽다보면 그가 알고 있는 것보다 더 큰 것을 쓰고 있고, 그가 다른 분에 대하여 말하고 있는 다소 묘한 느낌을 가지게 하는 그러한 시편들이 여러 편 있습니다.

그때 여러분은 에디오피아 여왕 간다게의 내시가 이사야 53장을 읽으면서 의아해 하면서 빌립에게 질문했던 것처럼 "선지자가 이 말한 것이 누구를 가리킴이냐? 자기를 가리킴이냐? 타인을 가리킴이냐?"(행 8:34)라는 질문을 하고 싶을 것입니다. 그때 놀랍게도 여러분은 신약성경에서 그런 시편 구절들을 예수님의 말씀으로 또는 직접적으로 예수님을 언급하는 것으로 인용한다는 것을 발견하게 됩니다.

예를 들면, 베드로와 바울 두 사람 모두 유대인들에게(행

2:25-31; 13:35을 보십시오) 설교하면서 "이는 주께서 내 영혼을 스올에 버리지 아니하시며 주의 거룩한 자를 멸망시키지 않으실 것임이니이다"라는 시편 16:10의 말씀을 택했습니다. 그들은 다윗이 죽어서 그의 육체는 썩게 될 것임을 알았기 때문에, 다윗은 그 자신이 아니라 다른 자에 대하여 말하고 있음이 분명하다고 주장하였습니다. 이에 대한 베드로의 해석은 다음과 같습니다.

> 그는 선지자라…미리 본 고로 그리스도의 부활을 말하되 그가 음부에 버림이 되지 않고 그의 육신이 썩음을 당하지 아니하시리라 하더니 (행 2:30-31).

"내 하나님이여 내 하나님이여 어찌 나를 버리셨나이까"라는 말로 시작하는 시편 22편과 같은 시편에 대하여 어떻게 말할 수 있습니까? 바로 그 말은 예수님이 십자가에서 외치셨던 말입니다. 우리가 시편 22편을 따라 계속 읽어 가면, 그리스도가 십자가에서 수치를 다 담당하시고 돌아가실 때 그분의 심정을 정확하게 표현한 것을 그 시편이 담고 있음을 발견하게 됩니다. 그러나 다윗에 관한 한 의심할 바 없이 그는 자신에 대하여서만 말하고 있었다고 생각했습니다. 그러나 신약성경에서 이루어진 모든 것을 고려해볼 때, 그가 다른 한 분 메시아, 주 예수님에 대하여 말하고 있는 것을 우리는 알고 있습니다.

메시아를 예언하는 다른 시편들로는 시편 2, 16, 35, 45, 69, 70, 72, 110, 8편과 위에서 언급한 22편을 더 포함시킬 수 있습니다. 이러한 성경은 다윗을 그리스도의 예시로서 간주할 수 있는 근거를 제공해 줍니다.

다윗이 그리스도의 예표로서 취해질 수 있다는 것을 확립하고 나면, 다윗의 삶과 모험 속에서 그가 겪은 많은 사건들 속에서 복음을 전해주는 아름다운 모습이 담겨있음을 볼 수 있습니다. 그때 우리는 그를 둘러싸고 있는 주변 인물들에 대해 더 깊이 나아갈 수 있고, 그들 중에 몇몇을 볼 수 있습니다. 그들 중 어떤 사람은 우리 자신의 모습을 보여주는 사울과 같은 좋지 못한 자들도 있습니다.

물론 다윗의 삶 가운데에서 전혀 그리스도의 예표라고 볼 수 없는 부분도 있습니다. 모형론(예표론)은 어떤 범위 이상으로 확대하지 않아야 합니다. 구약의 모든 사건, 인물이나 모세가 전해준 의식들이 모두 특별하게 예수님을 구체화한 것은 아닙니다. 다윗의 삶을 해석하는 방법들 중의 하나는 한때 비극적인 실패는 경험했으나 이제 성도로 빚어져가는 한 사람의 이야기로 보는 것입니다.

저의 친구인 알란 레드페트 박사(Dr. Alan Redpath)는 『하나님의 사람이 되어가기』(*The Making of a Man of God*)라는 제목으로 책을 썼는데, 다윗의 삶을 이러한 관점에서 풀어갔습니다. 하지만 저는 다윗을 그리스도의 예표로서, 사울을 우리 자신의 모습으로서 생각하는 것으로 그리고 다윗에 대한 사울의 관계와 사울에 대한 다윗의 관계는 그리스도에 대한 우리의 관계와 우리에 대한 그리스도의 관계를 상징하는 것입니다. 다윗의 삶에서 그러한 면만을 바라보는 것으로 제한하려 합니다. 그분에 대한 우리의 관계가 어떤지에 상관없이 우리에 대한 그분의 관계가 변함없으신 것으로 인해 그분의 이름을 송축합니다!

부록 2
솔로몬, 그리스도의 예표

"**모**든 영광 가운데 있는 솔로몬"이라는 9장을 읽을 때 의문을 가진 사람은 제가 무슨 근거로 솔로몬을 그리스도의 예표로 취했는지에 대하여 질문할지도 모르겠습니다. 제가 그렇게 한 것에 대한 근거를 간략하게나마 언급하는 것이 도움이 될 것이라고 생각합니다.

무엇보다 먼저, 예수 그리스도 그분 자신이 솔로몬과 그 자신 사이에 왕의 지혜와 영광이라는 면에 있어서 유사성이 있음을 언급하셨습니다. 그분은 자신을 "솔로몬보다 더 큰

이"라고 선언하셨는데 다음 말씀을 통해 볼 수 있습니다.

> 심판 때에 남방 여왕이 일어나 이 세대 사람을 정죄하리니 이는 그가 솔로몬의 지혜로운 말을 들으려고 땅 끝에서 왔음이거니와 솔로몬보다 더 큰 이가 여기 있느니라(다 12:42).

이것보다 더 결정적인 것이 히브리서 1:5의 말씀인데, 구약은 예수님이 하나님의 영원한 아들 되심을 증명하면서 "나는 그에게 아버지가 되고 그는 내게 아들이 되리라"라는 말씀을 인용합니다. 그 말씀은 예수님이 하나님의 아들 되심에 대하여 구약에서 증명될 수 있는 분명한 내용으로서 인용된 것이고 누구나 그것은 메시아에 관한 직접적인 예언이라고 생각할 수 있을 것입니다.

놀랍게도 구약에서 이 표현이 사용된 용례를 찾아보면 이것이 사무엘하 7:14에서 하나님이 다윗의 상속자, 솔로몬에 대하여 하신 말씀인 것을 발견할 수 있습니다. 이는 솔로몬에 관하여 하나님이 말씀하신 것으로서 "나는 그에게 아버지가 되고, 그는 내게 아들이 되리니"라고 하셨습니다. 신약성경에서 성령께서 히브리서 저자를 통하여 그 구절이 그리스도를 언급하는 것이라고 말하고 있습니다. 성령께서 그렇게 말씀하셨다면, 저에게도 그러하고, 그것은 저로 하여금 모든 영광 가운데 있는 솔로몬을 예수 그리스도의 예표로서 바라볼 수 있는 근거를 제공해 줍니다.

다윗을 어떠한 관점에서 (제가 부록 1에서 주장한 대로) 그리스도의 예표로서 바라보는 것이 허용된다면, 솔로몬을 다른 관점에서 그리스도의 예표로 보는 것도 역시 허용될 것입니다. 물론 다윗의 경우와 같이 솔로몬의 경우에서도, 우리는 그 예표를 어떤 범위 이상으로 확대하지 않아야 합니다. 특히 솔로몬의 말년을 보면 그리스도의 예표나 예시로서의 모습은 전혀 찾아 볼 수가 없습니다.

그리고 우리가 살펴보았던 아주 특별한 시편 72편이 있습니다. 제 생각에는 시편기자가 한 사람에 대하여 이야기를 하다가 그것을 넘어 다른 한 분, 예수 그리스도를 이야기하고 있는 경우를 시편 72편보다 더 뚜렷하게 보여주는 시편은 없는 것 같습니다. 메시아를 예언하는 대부분의 시편들 중에서 보통의 경우는, 다윗이 처음에는 그 자신에 대하여 이야기하다가 다음에는 그리스도에 대한 이야기로 넘어갑니다. 그런데 시편 72편은 다윗이 솔로몬에 대하여 이야기를 하는 동시에 그리스도에 대하여 이야기를 합니다. 다윗이 그리스도에 대하여 의식적으로 언급한 것인지 아니면 무의식적으로 언급한 것인지 우리는 알 수 없습니다. 개인적으로 저는 다윗 자신이 솔로몬에 대하여 말할 뿐만 아니라 메시아에 대하여서 말하고 있다는 것을 그가 알고 있었다고 생각합니다. 왜냐하면 솔로몬이, 다윗이 말하고 있는 우주적인 통치자가 될 것이라고는 다윗도 생각하지 않았을 것이기 때문입니다.

> 그는 선지자라 하나님이 이미 맹세하사 그 자손 중에서 한 사람을 그 위에 앉게 하리라 하심을 알고 미리 본 고로 그리스도의 부활을 말하되 그가 음부에 버림이 되지 않고 그의 육신이 썩음을 당하지 아니하시리라 하더니(행 2:30-31).

이 말씀에서 인용된 것과 같이 다윗은 그리스도의 부활뿐 아니라 그리스도의 통치까지도 예언하였습니다. 교회가 그 시편을 메시아를 예언하는 시편으로 항상 바라보았다는 것은 틀림없습니다. 참으로 가장 오래되고 가장 잘 알려진 찬송들이 이를 근거로 만들어졌습니다. "예수님이 다스리시네"(*Jesus shall reign*)와 "주님의 기름 부음 받은 자에게 영광"(*Hail to the Lord's Anointed*)이라는 오래된 찬송이 그렇습니다.

표준개역성경(RSV)은 그 시편을 솔로몬에 관한 다윗의 예언적인 선언이 아닌 솔로몬을 위한 다윗의 기도로 다음과 같이 번역했다는 것은 저는 물론 알고 있습니다.

> 그가 당신의 백성을 공의로 판단하게 하옵시고 당신의 가난한 자들을 정의로 판단하게 하옵시고….

히브리어는 어떤 방식으로든 번역될 수 있는 것 같습니다. 하지만 그것을 기도문으로 번역한다면 그 시편의 메시아적 예언의 성격은 약하여지게 되고 그분의 영광을 빼앗아 가게 됩니다. 표준개역성경(RSV) 번역자들이 그 시편을 예언적인 선포가 아니라 기도문으로 만들기로 결정했다는 것은 아주 슬픈 사실이 아닐 수 없습니다. 그러나 다른 번역들은 그렇게 하지 않았습니다. 수세기를 내려오면서 성도들은 메시아를 예언하는 시편 72편을 읽으며 매우 기뻐했고, 그 시편에서 그리스도의 통치의 영광을 보았습니다.

나는 죽고 그리스도만 *Not I, But Christ*

2013년 3월 14일 초판 발행

지은이 로이 헷숀
옮긴이 허정숙

펴낸곳 사)기독교문서선교회
등 록 제16-25호(1980. 1. 18)
주 소 서울시 서초구 방배로 68
전 화 02) 586-8761~3(본사) 031) 942-8761(영업부)
팩 스 02) 523-0131(본사) 031) 942-8763(영업부)
www.clcbook.com
clckor@gmail.com
온라인 기업은행 073-000308-04-020, 국민은행 043-01-0379-646
예금주: 사)기독교문서선교회

ISBN 978-89-341-1243-3(03230)

낙장·파본은 교환해 드립니다.